세종은 과연 성군인가

세종은 과연 성군인가

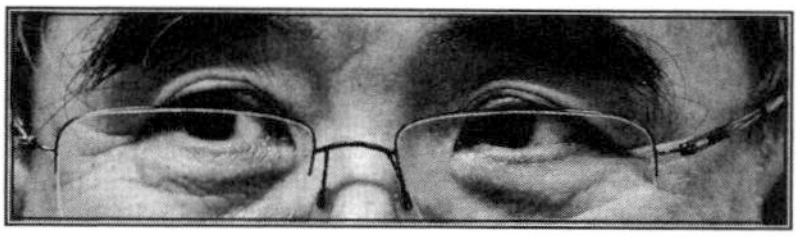

1

이영훈 교수의 환상의 나라

환상의 나라
Land of illusion

백년동안

머리말

환상의 나라, 그 나라는 대한민국이다. 아주 좋다, 멋지다, fantastic하다, 그런 뜻의 환상이 아니다. 허상이다, 착각이다, illusory하다, 그런 뜻의 환상이다. 모두가 믿어 의심치 않는데, 따져보니 근거가 없다, 사실이 아니다, 심지어 거짓말로 판명된다, 그런 것이 내가 말하는 환상이다.

어느 나라고 그런 환상으로부터 자유로운 나라는 없다. 어느 개인도 마찬가지이다. 환상은 멀거나 가까운 역사가 만들어낸 문화 현상이다. 조상으로부터 물려받은 집단 심리이다. 때문에 역사와 조상을 달리하는 외국인으로서는 이해할 수 없는 것이 각 나라의 환상이다. 그래서 나라별 환상의 정도를 평가하거나 비교하는 것은 가능치도 않을뿐더러 무의미하다.

그럼에도 나는 이 나라가 안고 있는 환상이 유별나게 심하다고 생각한다. 그 이유는 다른 데 있지 않다. 너무나 오랫동안 닫혀 지내왔기 때문이다. 조선왕조 500년간 중국이나 일본으로 유학을 떠난 단 한 명의 학자도 없었다. 중국이나 일본으로 배를 띄운 단 한 명의 상인도 없었다. 더 멀리 동남아, 인도, 유럽으로는 말할 나위도 없다. 아마 조선왕조처럼 철저하게 닫힌 다른 나라의 예를 찾기란 쉽지 않을 터이다. 중국과 일본도 닫히기는 마찬가지였지만 조선처럼 심하지 않았다.

동굴 속의 인간은 하늘을 알지 못한다. 숲속의 부족은 바다를 상상할 수 없다. 닫힌 문명은 열린 문명에서 볼 수 없는 갖가지 환상을 만들어낸다. 그 환상이 1876년 나라의 문호가 열린 뒤에도 사라지지 않았다. 오히려 강화되거나 새로운 환상이 만들어졌다. 개방에 따른 고난의 역사가 그 배경이었다. 사람들은 전통사회를 모욕하고 지배하는 외래문명에 분노하고 저항하였다. 전통은 의도적으로 미화되었으며 갖가지 환상의 온실이 되었다. 그렇지만 사람들은 새로운 문명에 적응하고 그것을 향유하였다. 외래문명은 전통사회가 몰랐던 새로운 삶의 원리였다. 그리하여 환상은 더욱 깊어졌으며 현실과의 괴리도 더욱 커졌다.

환상은 인간들을 큰 신뢰와 협동으로 이끌 수 없다. 환상이 빚은 역사와 현실의 간격은 정신과 육체의 분열을 야기한다.

환상은 그 자체로 반과학이다. 환상은 직시되어야 하며, 적절한 대안과 더불어 극복되어야 한다. 신생 대한민국의 지식인이 감당할 시대적 과제였다. 지난 70년의 건국사를 돌아볼 때 대학을 비롯한 지식사회가 그에 제대로 부응했다고 평가하기는 어렵다. 오히려 지식사회는 환상을 조장하는 역할에 골몰하였다. 그 결과 오늘날 이 나라는 갖가지 환상의 굴레에 심하게 옥죄인 가운데 숨쉬기도 어려운 지경이 되고 말았다. 안으로는 한 국민이라 하기 힘들 정도로 이념의 대립이 심한 가운데 밖으로는 우방과 공연한 마찰을 일삼고 있다. 이런 상태를 방치한다면, 이 나라는 다시 망할 것이다.

2016년 5월부터 3개월간 정규재TV라는 인터넷 매체에서 '환상의 나라'라는 제목의 강의를 한 것은 그 같은 위기감에서였다. 모두 12개 주제였다. 시청자들의 반응이 컸던 순서로 몇 개를 나열하면, '세종은 과연 성군인가' '나라는 누가 팔았는가' '우리 민족, 그 불길함' '위안소의 여인들' '환상의 통일론' 등이다. 지금의 이 책은 제1강 '세종은 과연 성군인가'의 강의노트를 학술서로 평가받을 수 있는 분량과 형식으로 확장한 것이다. 나머지 강의에 대해서도 하나씩 같은 식으로 단행본을 출간할 계획이다.

돌이켜보면 나의 연구자로서의 생활은 환상과의 투쟁이었다. 나는 선배 세대가 구축한 대부분의 통설에 도전하였다. 2천 년에 걸친 토지제도, 노비제도, 호戶제도의 역사를 새롭게 썼다. 나의 지난 40년은 논쟁의 연속이었다. 나는 여러 사람을 비판했으며, 그들을 아프게 하였다. 동시에 나는 누구보다 심한 매도의 대상이었다. 나는 한국의 근대문명은 일제가 이 땅을 지배한 기간에 제도화되었다고 생각한다. 그 이유로 사람들은 나를 친일파 또는 식민지근대화론이라고 손가락질하였다. 대학을 찾아와 나를 파면하라고 데모한 사람들, 연구실에 들어와 나를 훈계한 대학원생, 연구실 문에 계란을 던지고 도망친 학부생, 나를 공격한 여러 차례의 대자보, 이루 말할 수 없는 수모를 겪었다. 그 사나움에 내 마음이 흔들리거나 좌고우면한 적은 없다. 그 모든 매도에도 불구하고 나는 내가 딛고 있는 실증의 토대가 허물어지는 아픔을 느낀 적이 없다. 나는 한국 근대문명의 역사적 경로를 달리 설명함에 성공한 어느 연구자도 알지 못한다.

지금부터 시작하는 '환상의 나라' 12책의 집필과 출간에서도 나는 마찬가지 자세를 견지할 것이다. 예상되는 욕설이 겁나거나 싫어서 필을 굽히는 못난 짓은 하지 않을 것이다. 오로지 사실 이해의 오류나 부족이 없는지 두려워하면서 글을 써갈 것이다. 인간은 원래 불완전한 존재이며, 나의 실증 작업도 그럴 수밖에 없다. 그에 대한 비판은 열린 마음으로 감사하게 수용할 터이다. 예의를 갖춘 생산적 토론은 감히 청할 수 없으나 간절히 바라는 바이다. 그런 자세로 앞으로 몇 년이 걸릴지 모르겠지만 '환상의 나라' 12책을 완성코자 한다.

이 책은 그 첫 작품으로서 조선왕조 제4대 국왕 세종에 관한 것이다. 조선의 양반들은 세종을 '해동의 요순'이라고 찬양하였다. 세종을 성군으로 받드는 현상은 21세기 오늘날에도 여전하다. 나는 세종이 노비제를 확립했고, 기생제를 창출

했고, 사대주의 국가체제를 정비했음을 들어 그에 대해 의문을 표한다. 과연 성공했는지는 독자 여러분이 판단할 몫이다.

1986년 나는 지금은 돌아가신 이수건 교수님과 이성무 교수님, 은퇴하신 정구복 교수님과 조선 노비제에 관해 공동연구를 하는 은혜를 입었다. 고 이수건 교수님이 이룩한 14~15세기 사회경제사 연구는 지금도 우뚝 서 있는 한국사학계의 최고봉이다. 그분들과 한국고문서학회를 창립하고 양반가의 고문서를 발굴, 정리, 분석한 세월은 나로서는 참으로 축복받은 행복한 시간이었다. 이 책은 한국고문서학회와의 인연이 맺은 결실이다. 이 책의 집필에 있어서도 동 학회의 여러 회원이 자료와 정보를 제공하였다. 깊이 감사드린다. 물론 이 책이 안고 있을 온갖 결함은 나의 책임이다.

2018년 2월

이영훈

목차

3. 세종과 기생제

4. 세종과 사대주의

5. 대한민국은 자유인의 공화국이다.

표 목차

자료 목차

1

한국사 제1의 위인

조선왕조의 제4대 국왕 세종世宗, 재위 1418~1450은 오늘날 한국인이 가장 존경하는 역사적 인물이다. 세종을 가리켜 사람들은 대왕 또는 성군이라 부른다. 전국의 초등학교 어디를 가도 세종의 동상이 세워져 있다. 한국은행이 발행하는 지폐에는 세종의 초상이 들어 있다[자료1-1]. 대한민국을 상징하는 서울의 중심 도로가 세종로이다. 거기에 전국에서 가장 큰 공회관이 있는데, 세종문화회관이다. 원래 시민회관이라 했는데, 1979년 전면 개축한 뒤 이름을 그렇게 바꾸었다.

몇 년 전에는 서울시가 세종로에다 세종의 좌상을 커다랗게 세웠다[자료1-2]. 간혹 그곳을 지나치면 전국에서 올라온 많은 관광객이 그 앞에서 기념사진을 찍고 있다. 외국인 관광객도 적지 않다. 이 정도면 세종을 가리켜 한국의 역사와 문화를 상징하는 제1의 위인이라 해도 지나칠 것 없다. 물론 한국이라 함은 대한민국만을 가리킨다. 탈북자들에 의하면 북한에서는 세종을 위인으로 받드는 분위기가 전혀 없다.

세종을 제1의 위인으로 받드는 추세는 지난 60년간 점점 강해져왔다. 1956년 한글날을 맞아 세종대왕기념사업회가 결성되어 정부의 지원하에 지금까지 제반 사업을 벌이고 있다. 1979년 수도여자사범대학이 세종대학으로 이름을 바꾸었다. 1988년 남극에 과학기지가 건설되었는데, 세종기지라 하였다. 2007년 해군이 최초의 이지스함을 진수했는데, 세종대왕함이라 하였다[자료1-3]. 2012년 충남에 세종특별자치시가 들어섰다. 원래 노무현 대통령이 선거공약으로 수도를 그곳으로 옮길 계획이었는데, 헌법재판소가 국민투표를 거치지 않았다 하여 위헌으로 판정하였다.

그 대안으로 행정중심복합도시로 건설된 것이 세종특별자치시이다. 만약 원안대로 수도가 그곳으로 옮겨갔더라면 지금의 서울특별시와 동격으로 세종특별시라 했을 터이다. 그 점을 의심하지 않아도 좋을 만큼 세종에 대한 국민적 존경은

출처: 해군

[자료1-1] **1만원권 지폐**(위)
[자료1-2] **세종대왕 좌상**(가운데)
[자료1-3] **세종대왕함**(아래)

절대적이다. 네이버 지도에서 세종이란 단어를 검색하면 전국적으로 셀 수 없을 만큼 수많은 기업과 빌딩의 이름이 세종 두 글자로 시작하고 있다. 세종을 성군으로 받드는 국민적 인식은 한국인의 일상생활에까지 깊숙이 침투해 있다.

서점가에 가면 『성군 세종대왕』이란 책이 눈길을 끈다. 저자 조남욱은 세종이 부모·형제와의 가족생활에서 효도와 우애를 다한 완성된 인격이었으며, 성리학자로서 그의 학문은 더없이 높은 수준이었으며, 군왕으로서 그의 통치는 인간 존중의 이념에 기초한 애민愛民정치였음을 여러 가지 예화로 설명하고 있다.

세종이 훈민정음을 창제한 것은 어린 백성을 위한 애민정치의 소산이었다. 인간 존중의 애민정치야말로 군왕이 천명을 받들어 이 세상을 다스리는 기본 원리이다. 조남욱은 "하늘, 임금, 백성을 하나의 틀로 엮은" 세종의 정치철학에서 "오늘날의 이른바 인간 존엄성의 가치"가 발원했다는 취지로 그의 위대한 업적을 요약하고 있다. 저자에 따르면 세종은 앞으로도 "우리 삶의 질을 높이는 문화 창달의 기저"로 역할을 할 것이다.[1]

책의 말미에는 조선왕조 500년간 세종을 성군으로 칭송한 여러 사람의 글이 소개되어 있다. 1450년 세종이 서거한 당일의 『왕조실록』은 세종의 인격과 업적을 두고 '해동의 요순'으로 평하였다. 더 이상을 찾을 수 없는 최고 수준의 찬사이다. 앞서 소개한 여러 성군 현상은 19세기까지 우리 조상들이 가졌던 세종에 대한 기억이 1950년대 이후에 슬슬 부활하여 제 나름의 역할로 강화되어온 결과이다. 그러한 추세의 밑바닥에 오늘날에도 여전히 유효한 세종의 정치철학과 큰 업적이 가로놓여 있다고 지적되고 있다.

과연 그러한가. 나는 의심한다. 나는 조선왕조 시대의 사람들이 세종을 성군으로 칭송한 사실에 시비를 걸지 않는다. 그것은 엄연한 객관적 사실이며, 누구도 그 점을 부정할 수 없다. 세종의 업적은 크고 중요하였다. 그가 치세 30년간에 이룩한 업적은 조선왕조 500년의 기틀이 되었다. 그런데 오늘날의 우리까지, 다시 말해 대한민국의 국민조차 그를 성군으로 받들어야 하는가. 그만큼 그의 업적은 오늘날에도 여전히 크고 중요한가. 과연 세종의 애민정치는 한국 민주주의의 역사적 원류를 이루는가.

이러한 의문에서 나는 '세종은 과연 성군인가'라는 현재형의 문제제기로 기존의 통념을 재검토하고자 한다. 내가 통념에 회의하는 이유는 크게 두 가지이다. 하나는 세종에 의해 조선의 노비제와 기생제가 만들어졌다는 사실이고, 다른 하나는 세종에 의해 사대주의 국가체제가 정비되었다는 사실이다. 이하 하나씩 차분히 살피도록 하자.

2

세종과 노비제

15~17세기 인구의 30~40%는 노비

17세기 중엽 조선왕조의 인구는 대략 1,200만을 헤아렸다. 그중의 30~40%, 그러니까 360~480만의 인구가 노비 신분이었다. 이런 이야기를 하면 많은 사람들이 깜짝 놀란다. 노비가 그렇게나 많았던가, 들어본 적이 없다고 한다. 그렇지만 어김없는 사실이다. 1606년에 만들어진 경상도 산음현과 단성현의 호적이 전하고 있다. 현재 전하는 것 가운데 가장 오랜 호적이다. 산음현 호적에서는 인구의 42%가 노비 신분이다. 단성현 호적에서는 64%이다. 1609년에 만들어진 울산부 호적이 있다. 거기서 노비의 인구 비중은 47%이다. 이상이

17세기 초라면, 17세기 말에는 1690년에 만들어진 대구부 호적이 있다. 거기서는 인구의 43%가 노비이다. 이처럼 17세기 경상도의 경우, 호적에 등록된 인구의 42~64%가 노비였다. 호적에 모든 인구가 다 등록되지는 않았다. 조선왕조의 인구조사는 불철저하였다. 노비는 주인의 재산이어서 거의 누락되지 않았다. 반면에 양인 신분의 경우 특히 어린아이들의 누락이 심하였다. 이 점을 고려하더라도 17세기 경상도 인구의 적어도 3분의 1이 노비였음은 부정하기 힘든 사실이다.

경상도 이외의 호적으로서는 1663년에 만들어진 한성부 호적을 들 수 있다. 오늘날의 서울 아현동, 가좌동, 합정동 일대를 대상으로 한 호적이다. 호적에 등록된 인구는 총 2,374명인데, 그 가운데 1,729명, 곧 73%가 노비이다.[1] 한성부 호적에서 인구 누락은 적었으며, 이에 노비의 인구 비중은 그대로 믿을 만한 수치이다. 당시 한성부의 인구는 대략 20만이었다. 그중의 절반은 4대문 안의 성내에서, 나머지 절반은 4대문 밖의 성저城底에서 살았다. 위 호적은 17세기 중엽 성저 인구의 근 4분의 3이 노비였음을 보여주고 있다. 성내도 마찬가지였을 것이다. 잘 알다시피 한성부, 곧 서울은 왕실을 비롯하여 귀족적 양반가문이 모여 사는 곳이다. 그래서 농촌보다 노비 인구가 훨씬 많았다. 17세기 서울은 한 마디로 노비들이 바글바글하는 도시였다.

15, 16세기로 올라가면 전하는 호적이 없기 때문에 노비의 인구 비중을 정확히 알기 힘들다. 그렇지만 여러 가지 정황으로 보아 17세기보다 많았음은 거의 확실하다. 유서 깊은 양반 가문에 노비와 토지를 상속한 문서들이 적지 않게 전해오고 있다. 16세기와 17세기의 분재기分財記를 비교하면 16세기 쪽의 노비 수가 더 많다. 이 외에 몇 가지 기술 자료가 있다. 1478년 이심원李深源이란 사람이 말하기를 "지금 백성 가운데 노비가 8, 9할이나 되고 양민은 겨우 1, 2할에 불과하다."고 하였다. 이는 지나친 과장이다. 비슷한 시기에 성현成俔이란 사람은 "우리나라 인구 가운데 노비가 거의 절반이다."라고 하였다. 나는 성현의 지적이 중용을 득했다고 평가한다. 관련하여 나는 『왕조실록』에 나오는 여러 정보를 종합적으로 검토한 적이 있다. 15세기 말 총인구 900만 가운데 적어도 40%는 노비였다는 것이 그 결론이다.[2]

양반의 노비 규모

노비를 소유한 사람은 주로 양반 신분이었다. 양인도, 심지어 같은 신분의 노비도 노비를 소유했는데, 그 수는 그리 많지 않았다. 15~16세기 서울에 거주한 양반관료는 아무리 미관말직이라도 100명의 노비는 소유하였다. 관직이 높아지면 그 수가 더욱 많아져 수백 명쯤은 보통이었다. 현재 전하는 분재기 가운데 노비를 가장 많이 소유한 사람은 정3품 관직의 홍문관 부제학을 역임한 이맹현李孟賢이란 사람인데, 총 758명에 달하였다[자료2]. 그보다 품계가 높은 판서나 정승 급의 고관대작이면 1천 명을 넘기기 어렵지 않았다. 왕족으로 올라가면 아마도 수천 명이었을 것이다. 알려진 최대 규모는 세종의 제5왕자인 광평대군廣平大君과 제8왕자인 영응대군永膺大君이다. 『왕조실록』은 이 두 왕자의 노비가 각각 1만 명을 넘었다고 이야기하고 있다.[3]

15~16세기 농촌에 거주한 양반의 노비 규모는 서울 양반에 비해 훨씬 적었다. 당대에 중앙 관료를 역임했거나 아버지나 할아버지가 관료 출신인 양반 가문의 노비는 역시 수백 명에 달하였다. 예컨대 조선성리학의 거두 퇴계 이황李滉만 해도 367명의 노비를 남기고 죽었다. 아직 관료로 출세하지 못한, 충순위忠順衛 등 장교의 군직을 수행하는 품관品官이라 불린 양반 계층이 있었다. 이들 가문의 노비 규모는 60~80명이 일반적이었다. 관직의 높낮이와 노비의 많고 적음은 밀접한

[자료2] 이애李璦 남매 「화회문기和會文記」
1494년 이맹현의 소생 9남매가 부모의 노비 재산을 평균 분깃한 문서로서 현존하는 분재기分財記 가운데 최대 규모의 노비를 보이고 있다.

상관관계를 보였다.[4] 17세기가 되면 이야기가 많이 달라진다. 앞서 소개한 여러 경상도 호적에서 농촌 양반가의 노비 규모는 평균 5명 정도이고, 20명을 넘기기 힘들었다. 15~16세기는 한국사에 있어서 노비제의 전성기이다.

입역立役과 납공納貢

남북전쟁 이전의 미국 남부는 세계사에 있어서 대규모 노예제의 본보기를 마지막으로 보인 지역이다. 미국 남부에서 '농

출처: 한국국학진흥원(재령이씨 영해파종중), 보물 제876호

장주'로 불리기 위해서는 20명 이상의 노예를 소유할 필요가 있었다. '귀족적 농장주'는 50명 이상의 노예를 소유하였다. 100명 이상을 소유하면 "극단적으로 부유한 가문"으로 분류되었다. 그 가운데 250명 이상을 소유한 초극단적으로 부유한 귀족은 남부 전역에 걸쳐 125호에 불과하였다.[5] 그에 비하자면 위와 같은 15~16세기 조선의 왕족과 양반관료가 소유한 노비의 규모는 터무니없이 크다. 이 사실을 어떻게 이해하면 좋은가.

노비들의 일부는 미국 남부의 노예처럼 각종 노역에 종사하였다. 역사가들은 이들을 입역노비立役奴婢라고 부르고 있

출처: 아손 그렙스트 저, 김상열 역(2005), 『스웨덴 기자 아손, 100년 전 한국을 걷다』, 책과함께, 163쪽.

[자료3] **얼굴이 알려진 최초의 노와 비**
스웨덴 기자 아손 그렙스터가 1904년 서울에서 찍은 사진이다.

출처: 아손 그렙스트 저, 김상열 역(2005), 『스웨덴 기자 아손, 100년 전 한국을 걷다』, 책과함께, 177쪽.

다. 입역노비는 주인가의 행랑이나 문전의 움집에 살면서 주인가의 농사와 각종 가사노동에 종사하였다. 주인은 한 달에 한 번씩 식량을 지급했으며, 봄·가을로는 옷을 한 벌씩 지급하였다. 주인에 의해 사역使役되고 급양給養된다는 점에서 이들 입역노비는 세계사적으로 노예라는 범주에 해당하였다. [자료3]은 말고삐를 잡거나 물동이를 이고 있는 입역노비인데, 얼굴이 알려진 최초의 노奴와 비婢이다.

다른 한 부류의 노비는 납공노비納貢奴婢이다. 이들은 주인가와 멀리 떨어진 곳에서 살면서 1년에 한 번씩 공물을 상납했는데, 신공身貢이라 하였다. 납공노비는 자신의 가족과 토지를 소유한 독자적 경리經理의 주체였다. 15~16세기 조선 왕조는 백성의 호戶와 토지에 조세와 공물貢物을 부과하였다. 납공노비도 독자의 호와 토지를 소유했기에 조세와 공물을 부담하였다. 그 점에서 양인 신분의 백성과 다를 바 없었다. 한 가지 중대한 차이가 있다면 군역軍役을 지지 않았다는 점이다. 양인은 연간 면포 2필의 군포를 부담한 반면, 납공노비는 그에 해당하는 부담을 주인에게 신공으로 바쳤다. 신공의 물목은 쌀, 면포, 물고기, 땔감 등 실로 다양하였다. 이들 납공노비를 노예로 볼 것인지 여부는 커다란 논쟁거리이다.

조선의 왕족과 양반이 미국 남부의 농장주에 비해 터무니

없이 많은 노비를 소유한 것은 이 같은 납공노비의 존재 때문이다. 미국 남부에서 신공을 바치는 노예는 아주 드물었다. 양반가에 딸린 입역노비는 많아야 20명을 넘지 않았다. 나머지 다수의 노비는 원근 각지에 흩어져 살면서 1년에 한 번씩 소정의 공물을 주인가에 바치는 납공노비였다. 앞서 소개한 이맹현의 758명에 달한 노비의 경우, 147명이 서울에 살고 나머지 611명은 전국의 71개 군현에 흩어져 살았다.[6] 이맹현은 해마다 사람을 각지에 보내 노비들로부터 신공을 수취하였다. 서울에서 양반관료의 사람이 내려오면 군현의 수령은 포졸을 풀어 신공의 수취에 협조하였다. 벼슬이 떨어져 농촌으로 거주를 옮긴 양반은 이러한 협조를 얻기 힘들어 납공노비를 많이 소유할 수 없었다. 농촌 양반의 노비 규모가 서울 양반에 비해 훨씬 적은 것은 이 때문이다.

노비는 주인의 재물

입역노비든 납공노비든 노비는 예외 없이 주인의 재물이었다. 미국 남부의 발달된 법제는 노예를 동산으로 규정하였다. 주에 따라서는 부동산이기도 했다. 조선왕조의 법제는 그렇게까지 세밀하지는 않았다. 그 대신 노비의 가격과 사고팔 때의 절차와 상속할 때의 분배 기준 등을 법으로 정하였다. 곧 노비는 주인의 재물로서 매매, 상속, 증여의 대상이었다. 노비의 가격은 『경국대전』에서 저화楮貨 4천 장으로 정해졌다. 남의 노비를 빌려 하루 사역할 때 지불한 대가가 저화 6장이었으니 노비의 재산 가치는 666일의 임금에 해당하였다.

666일이 노비에게 무엇을 의미하는지 염두에 둘 필요가 있다. 15~16세기의 연간 이자율은 대개 40% 수준이었다. 이에 노비 재산에서 발행하는 이자는 연간 266일의 임금과 같다. 원금과 이자를 합하면 도합 932일이다. 1년은 365일뿐이다. 이에 노비가 연중 하루도 쉬지 않고 열심히 일해도 원리금을 다 상환할 수 없다. 요컨대 노비 가격이 저화 4천 장이라 함은 조선의 노비는 원리적으로 해방이 불가능한 존재임을 의미하였다.

조선왕조가 노비는 해방될 수 없는 존재라고 결정하는 것은 1405년 태종 5년의 일이다. 그에 따르면 노비가 공로를 세워 주인이 풀어주거나 몸값을 받고 해방시키더라도 그 자손을 영원히 놓아주어 양인과 섞이게 할 수는 없으며, 이에 풀어준 노비의 자손을 주인의 자손이 도로 잡아 사용할 수 있으며, 몸값을 받고 해방시킨 노비의 자손은 모두 관노비官奴婢

로 속공屬公한다고 하였다.[7] 여기서 조선왕조의 노비제가 크게 기틀을 잡았다. 한 번 노비면 영원한 노비이다. 이 모진 신분세습의 율律이 부정되는 것은 480년도 더 지난 1887년의 일이었다.

양반 주인이 노비를 얼마나 소중한 재물로 다루었는지는 양반가의 분재기에 잘 나타나 있다. 미국 남부의 농장주들은 상속문서를 작성할 때 말을 맨 먼저 적었다. 말이 가장 소중한 재산이기 때문이다. 조선의 양반들은 노비를 맨 먼저 적었다. 노비가 토지보다 소중하였기 때문이다. 앞서 소개한 노비 가격은 당시 시세로 쌀 20섬과 같은데, 이는 논 20마지기〔斗落〕의 소출에 해당한다. 노비가 100명이면, 그 재산 가치는 논 2천 마지기로서 대략 20만 평에 달하는 엄청난 크기이다. 그런데 논의 소출은 해마다 풍흉豊凶에 따라 들쑥날쑥하지만, 노비로부터 거두는 신공의 양은 대개 일정하다. 그래서 노비가 토지보다 더 소중한 재산이었다. 이 관계가 역전되어 토지가 노비보다 더 소중해지는 것은 17세기 말부터이다. 인구가 많아져 토지에 대한 노비의 상대가격이 떨어지고, 논농사가 안정된 가운데 생산성이 높아졌기 때문이다.

15~16세기 양반가의 상속은 부모의 재산을 형제자매가 골고루 나누는 방식이었다. 골고루 나눔이 얼마나 철저했는

지 노비의 연령이나 건강 상태까지 따졌다. 그런 이유로 노비의 가족은 여러 상속자에 의해 분할됨이 보통이었다. 예컨대 어느 노비 가족이 4명이고 상속자 역시 4명이면 노비 가족은 각기 다른 상속자의 몫으로 찢어졌다. 그렇게 나누다가 노비가 모자라면 임신한 비의 태아까지 1명으로 계산하였다.[8] 30년 전 나는 양반가의 분재기에서 이 같은 현상을 관찰하고 무어라 말할 수 없는 비애를 느꼈다. "노비는 재물이야, 인간일 수 없어." 분재기는 그 점을 더없이 명확하게 이야기해 주었다.

노비는 함부로 죽여도 죄가 되지 않았다

노의 이름은 동물과 식물, 또는 물상에서 따온 것이 많았다. 동물의 경우를 열거하면 강아지, 도야지, 망아지, 송아지, 마당쇠, 두꺼비 등이다. 동물의 똥오줌에 비유한 경우도 많은데 소똥, 말똥, 개똥 등이다. 막대기나 바위와 같은 물상에 비유한 경우도 많다. 비의 경우는 삼월이나 구월처럼 태어난 달을 칭하거나, 역시 동물에 빙자하여 누른개 또는 암캐라 하든가, 얼굴이 예쁠 경우 꽃분이라 하였다. 세조가 쿠데타를 할 때 그에 협조한 관노들이 있었다. 이후 공로를 인정받아 모두 양인으로 해방되었다. 그러자 그들의 상당수는 이름부터 바꾸었다.[9] 어떤 양반은 비를 구입한 후 이름을 바꾸었다. 이름에 배어 있는 인생의 기억을 지우는 의례였다. 그렇게 노비들은 그 이름에서부터 몰인격과 오예汚穢의 상징을 뒤집어쓴 존재였다.

나중에 자세히 소개하겠지만 노비는 주인에 대해 법적으로 무권리無權利였다. 노비는 주인의 재물로서 그 생사여탈권이 주인에 의해 장악되었다. 노비를 함부로 죽이는 일은 결과적으로 자기 재산을 축내는 어리석은 일이기 때문에 그리 일상적이지는 않았다. 그렇지만 그런 일은 얼마든지 벌어질 수 있었고, 조선왕조는 노비를 죽인 주인에게 죄를 묻지 않았다. 노비를 함부로 죽인 주인의 이야기는 너무나 흔해서 일일이 소개할 수가 없다.

오희문吳希文이란 서울 양반이 있었다. 4대째 과거에 급제하지 못한 집안이지만 전국에 흩어진 노비가 100여 명이나 되었다. 임진왜란이 일어나자 충청도 임천에서 피난살이를 하였다. 그때의 이야기이다. 한복漢卜이란 노가 있었는데, 집안의 비를 유인하여 함께 도망치다가 잡혔다. 오희문이 발바닥을 70대 치는 벌을 가했는데, 다음 날 한복이 죽고 말았다.

오희문은 그날의 일기에 "우리 집에 온 지 4년이나 되고 또 원래 죽을죄도 아니었는데 의외로 죽고 말아 마음이 매우 편치 않음이 마치 똥을 삼킨 것 같아 밤새도록 잠을 못 이루었다."고 적었다.[10] 노비의 살해에는 이 정도의 양심의 가책이 따랐을 뿐이다. 군현의 관리가 경위를 조사하는 최소한의 사법적 절차도 없었다.

노비를 함부로 죽이는 일에 제동이 걸리는 것은 18세기가 되어서이다. 영조는 노비의 인권 개선에 여러모로 공로가 큰 임금이다. 그는 관에 고하지 않고 노비를 함부로 죽일 경우 60대의 장을 치고 1년간 유배를 보내는 법을 제정하였다. 이후 다소 제동이 걸린 것은 사실이지만, 지위가 낮은 농촌 양반에게나 효력을 발하였을 뿐이다. 지위가 높은 서울의 양반 관료가 노비를 함부로 죽이는 일은 이후에도 여전하였다.

18세기 말 서울 이서구李書九 집에서의 일이다. 이서구는 벼슬이 평안도관찰사와 형조판서에 이른 정통 양반이다. 성격이 온후하고 문장이 높아 당대 세인의 존경을 한 몸에 받은 위인이다. 어느 날 행랑에서 시끄러운 소리가 들리기에 들어보니 어느 노가 술에 취해 주인의 이름을 들먹이며 욕을 하는 것이었다. 이서구는 조용히 노의 우두머리를 불러 "저놈을 시구문 밖으로 끌고 가 몽둥이로 때려죽이라."고 명하였다. 우두머리가 돌아와 죽였다고 보고하니 이서구가 말하기를 "그놈이 비록 죽을죄를 범하긴 했으나 우리 집에 내려온 구물舊物인지라 후하게 장례를 치르고 묻어주라."고 하였다. 그런데 형조의 서리가 찾아와 시구문 밖에 댁의 노가 피 흘려 죽어 있는데 어찌 된 영문인가라고 물었다. 이서구가 대답하기를 "강상을 범한 노를 관에 고한 다음에 다스려야 마땅하지만, 그러면 집안의 수치가 밖으로 드러나게 되니 어쩔 수 없이 내가 사사롭게 죽였다."고 대답하였다. 그러고선 아무 일도 없었다. 이 일을 전해 들은 어느 양반은 이서구를 두고 "떠들썩하게 화를 내지 않고 조용히 집안을 다스림이 이와 같으니 어찌 장차 크게 될 인재가 아닌가."라고 탄복하였다.[11]

노비 증식의 경로는 양천교혼良賤交婚

그럼, 어떻게 해서 그같이 열악한 처지의 노비가 인구의 상당 부분을 차지하게 되었는가. 언젠가 미국 남부를 여행하는 중에 어느 미국인에게 15~17세기 한국에서도 인구의 30~40%가 노비였다고 이야기한 적이 있다. 그랬더니 그가 묻기를 "그들은 어디서 왔는가."라고 하였다. 다 알다시피 미국 남부의 노예들은 아프리카에서 끌려온 자들이다. 미국인의 노예제에 대한 기억이 그러하기 때문에 그는 한국에서도 인구의 상당 부분이 노예적 존재였다는 나의 이야기에 대뜸 그렇게 물은 것이다. 나는 한국의 노비들은 끌려온 것이 아니라 내부에서 생겨난 자들이라고 설명하였다. 나는 그 미국인이 나의 설명을 납득했다고 믿지 않는다. 그것은 아직 한국인들도 잘 납득하지 못하는 세계사적으로 특이한 현상이기 때문이다.

노비 인구가 증식하는 경로는 기본적으로 양인과의 결혼, 곧 양천교혼良賤交婚이었다. 노가 양인 여자와 결혼하거나, 비가 양인 남자와 결혼하거나 어느 경우든 거기서 출생한 아이는 노비 신분이었다. 그렇게 부모의 어느 한쪽이 노비면 그 자식은 모두 노비가 되는 신분 세습의 원리를 가리켜 고려시대 이래로 '일천즉천一賤則賤'이라 하였다.

세계 노예제사 연구로 유명한 올란도 패터슨에 의하면 노예가 출생에 의해 신분을 세습하는 방식에는 일곱 가지가 있었다. 그 가운데 가장 가혹한 것은 부모의 어느 한쪽이 노예면 그 자식이 죄다 노예가 되는 종천從賤, deterio conditio의 방식이다. 패터슨은 이를 고대 중국에서 생겼다고 해서 '중국방식'이라고 이름 붙였다. 그런데 막상 중국에서 이 방식은 실태와 큰 괴리를 지녔다. 중국사에서 노비가 출생에 의해 신분을 세습하는 강제력은 약하였다. 패터슨은 중국과 인접한 한국에서 이 방식이 훌륭하게 적용된 예를 본다고 하면서 다음과 같이 말하였다. "이 규칙이 적용된 한국에서 우리는 동양에서 가장 발달된 노예제를, 그리고 전근대 세계 어디에서보다 가장 발달된 노예제의 하나를 발견한다."[12]

어쨌든 양천교혼을 통해 노비 인구가 급속하게 증가한 사실만큼은 부정하기 힘들다. 예컨대 노와 비가 결혼하면, 인구 증가는 없다고 가정할 경우, 다음 세대의 노비 인구는 여전히 2명이다. 그렇지만 노는 양인 여자와, 비는 양인 남자와 결혼하면 다음 세대의 노비 인구는 4명이 된다. 그다음 세대는 8명이다. 이런 식으로 양천교혼은 노비 인구를 기하급수적으로 증가시키기 마련이다. 실제 역사가 그러하였다. 양반가의 분재기에 의하면 15세기 초만 해도 노비의 결혼에서 양천교혼의 비율은 10~20%에 불과했지만, 15세기 중반부터 부쩍 증가하여 17세기 전반까지 40~60%의 높은 수준을 유지하였다.[13]

양반 주인은 재산 관리의 차원에서 노비들의 결혼을 통제하였다. 집안 내의 노와 비가 결혼하는 것은 억제되었다. 주인의 재산 증식에 아무런 도움이 되지 않기 때문이다. 노가 다른 집안의 비와 결혼하는 것은 일종의 도둑질과 같은 범죄였다. 주인이 서로 다른 노와 비가 출생한 아이는 고려시대 이래 천자수모법賤者隨母法이라 하여 어머니의 주인 쪽으로 소속이 정해졌다. 때문에 노의 주인은 재산의 큰 손실을 보았다. 16세기 말의 일이다. 전라도 해남의 윤씨 양반가의 어느 노는 다른 양반가의 비와 결혼하여 자식을 많이 낳았다. 그 노는 주인에게 "지은 죄가 만 번 죽어도 마땅하다."고 사죄하면서 가진 재산의 상당 부분을 헌납하였다.[14]

노비제는 기자箕子의 법

일천즉천의 원리에 의하면 양반이 집안의 비를 첩으로 들여 출생한 아이는 노비 신분이었다. 소설이긴 하지만 『홍길동전』이 그 좋은 예이다. 홍길동의 어머니는 비첩婢妾 이었다. 비첩 소생으로서 홍길동은 슬프게도 아버지를 아버지라 부르지 못하였다. 아버지가 비첩의 자식을 노비로 부리기는 인정상 차마 할 수 없는 일이었다. 그렇지만 아버지가 죽은 뒤의 사정은 달랐다. 정처正妻의 자식들은 이복형제인 비첩의 자식을 노비로 부렸다. 1531년 경상도 예안의 김씨 양반가는 비첩의 자손 8명을 직접 부리기에 편치 않다면서 4촌 형제에

게 증여하였다.[15]

부자지간도 형제지간도 갈라놓은 이 비정한 신분률은 어떠한 이데올로기로 정당화되었는가. 세종이 설립한 집현전의 학사들이 그것을 만드는 데 큰 역할을 하였다. 그들은 우리나라의 노비제는 성인 기자箕子의 가르침에 그 유래가 있다고 주장하였다. 2,500여 년 전에 중국 은殷 나라의 기자가 동쪽으로 건너와 캄캄한 야만의 땅에 문명의 법을 전수했는데, 바로 8조금법八條禁法이다. 그에 따르면 도둑질한 사람을 처벌하여 노비로 삼으라고 하였다. 이래 이 땅에 인물의 귀천이 분명해지고 풍속이 아름다워지고 예의가 행해졌다는 것이다.

고려왕조를 무너뜨리고 조선왕조를 세운 정치세력은 새로운 왕조가 기자가 세운 기자조선箕子朝鮮의 도통을 잇는다고 간주하였다. 그들은 노비제는 성인 기자가 만든 법으로서 우리 동국의 모든 제도가 그에 기초해 있다고 생각하였다. 이 같이 만들어진 신화는 양반의 노비 지배를 정당화하는 이데올로기로서 점점 강력한 힘을 발휘하였다. 예컨대 하위지河緯地는 "주인과 노비의 제도가 만들어지니 주인이 노를 보기를 임금이 신하를 보는 것과 같다."고 주장하였다. 이 말은 이후 주노지분主奴之分은 군신지의君臣之義와 동일하다는 일종의 투식어套式語로 변하여 널리 유포되었다.[16]

1460년대에 편찬된 『경국대전』은 인간으로서는 결코 범할 수 없는 강상의 범죄를 규정하였다. 자식이 부모를 살해하는 것과 노비가 주인을 살해하는 것이 그것이었다. 이런 범죄가 발생하면 죄인을 능지처사함은 물론이거니와 처자를 노비로 몰수하고, 집을 허물어 연못으로 파고, 군현의 등급을 낮추고, 해당 수령을 파직하였다.[17] 이처럼 조선의 국가체제에서 주노관계는 부자관계와 동격이었다. 중국 송의 성리학이 인간관계를 오륜으로 규정했다면, 조선왕조의 성리학은 그에다 주노의 관계를 더하여 육륜을 만들어냈다고 이야기할 수 있다.

16세기가 되면 노비에 대한 양반의 지배체제는 더욱 강고해졌다. 어느 선비는 "차라리 천명을 바꿀지언정," 다시 말해 임금을 갈아치울지언정, "명분을 어지럽힐 수는 없다," 곧 주인과 노비의 분수를 허물 수는 없다고 주장하였다.[18] 듣기에 참람하기까지 한 이 같은 신하들의 주장에 조선의 군왕들은 속수무책이었다. 15~16세기 조선의 군왕들은 양반관료의 강고한 노비 지배체제에 간섭할 능력이 없었다. 아니 앞서 소개한 대로 조선의 왕실 자체가 발군의 노비를 소유하였다. 15~16세기의 왕실재정은 전국에 흩어진 수십만의 노비들이 바치는 공물을 주요 기초로 삼았다.[19]

고려와 조선의 사회구성

10~14세기 고려시대에도 노비제가 있었다. 종래 오랫동안 고려의 노비제와 조선의 노비제는 동질의 것으로 간주되었다. 실제 조선 노비제의 천자수모법이나 일천즉천의 원리는 고려시대에 생긴 것이다. 이런 몇 가지 유사점이 있지만, 자세히 살피면 두 시대의 노비제는 결코 혼동할 수 없는 커다란 차이를 안고 있다. 근래의 연구는 이 점을 명확히 밝히고 있다.[20]

우선 고려와 조선의 두 시대는 사회구성의 구조에서부터 달랐다. 고려의 농촌은 인간관계가 상하 신분으로 분해되지 않은 공동체사회였다. 고려의 농촌에서 한 인간이 다른 인간을 소유하거나 지배하는 관계는 찾아보기 힘들었다. 인간들은 일정 규모의 인구와 토지가 결합한 정호丁戶라는 공동체에 소속하였다. 대개 하나의 들판을 점유한 친족집단이 정호의 표준 형태를 이루었다. 고려왕조는 조세의 수취나 군사의 편성에서 정호를 기초 단위로 삼았다. 정호의 구성원은 국가가 부여한 세와 역을 공동으로 부담하였다. 정호의 사회적 위세는 역의 종류에 따라 약간의 차이가 있긴 했으나 비교적 평등하였다.[21]

그에 비해 조선의 농촌은 신분제사회였다. 조선왕조는 모든 사람에게 역을 부과하였다. 원리적으로 역을 면제받은 사람은 없었다. 사람들의 사회적 지위, 곧 신분은 수행하는 역의 종류에 따라 결정되었다. 귀한 학문의 역을 지면 양반 신분이었다. 상스러운 군역을 지면 양인 또는 상민 신분이었다. 군역에서 제외된 천민이 있었으니 곧 노비 신분이었다. 양반은 대토지와 노비를 소유했으며, 이를 수단으로 농촌사회의 지배계급으로 군림하였다.[22] 고려와 조선의 노비제는 그 형식적 유사성에도 불구하고 이 같은 국가적 지배체제와 사회구성의 차이로 인해 그 존재양태가 같지 않았다.

고려 노비의 처지는 그리 열악하지 않았다

고려는 불교의 시대였다. 유교와 달리 불교는 평등의 종교이다. 불교에서 인간의 노예적 종속을 정당화하는 교리는 없다. 일찍이 의상대사義湘大師는 왕이 노비를 하사하자 "우리의 법은 고하를 평등케 하고 귀천을 고르게 하는 것이니 (중략) 무슨 노비가 있단 말입니까." 하고 거절하였다.[23] 13세기에 승 일연一然이 편찬한 『삼국유사』에는 노비가 알고 보니 부처라는 설화가 많이 소개되어 있다. 고려인의 노비 관념이 실제로 그러하였다. 고려의 노비로서 이름이 알려진 사람들이 있다. 만적萬積, 덕적德積, 금광金光, 평량平亮 등 죄다 불교식의 거룩한 이름이다. 동물이나 가축의 똥오줌에 빗댄 조선 노비의 이름과는 전혀 달랐다.

986년 고려왕조는 노비의 재산 가치를 정하였다. 남의 노비를 불법으로 사역한 사람이 보상할 기준을 마련하기 위해서였다. 당시 노비 노동의 하루 임금은 포 1필이었다. 정해진 노의 가치는 포 100필, 비의 가치는 포 120필이었다. 즉 노와 비의 재산 가치는 100일과 120일의 임금에 해당하였다. 전술한 대로 조선 노비의 재산 가치는 666일의 임금이었다. 고려 노비의 가치는 그에 비해 5~6분의 1에 불과하였다. 연 이자율이 40%라 치면 노비 재산의 1년어치 원리는 140일과 168일이다. 1년은 365일이므로 노비가 열심히 일하면 1년 안에 그의 몸값을 모두 상환할 수 있다. 이에 고려 노비는 조선 노비와 달리 경제 논리에서 쉽게 해방될 수 있는 존재였다.

고려 노비도 일천즉천의 원리에 따라 신분을 세습하였다. 13세기 후반 이래 노비 인구가 증가하고, 노비의 사회적 처지가 열악해지기 시작하였다. 그럼에도 위와 같은 노비 가격은 고려 말기까지 변함이 없었다. 다시 말해 고려 노비는 신분세습의 굴레에도 불구하고 쉽게 해방될 수 있는 존재였다.

그로 인해 고려 노비의 인구 비중은 낮은 수준에서 억눌려졌다. 고려왕조의 마지막 해인 1391년에 만들어진 호적이 있다. 회군공신 이성계李成桂에 하사된 하급 양반과 양인 신분의 25호에 관한 호적이다. 거기에 나타난 노비의 인구 비중은 4.3%에 불과하였다. 기타 몇 가지 참고할 기술 자료가 있다. 그로부터 연구자들은 고려 노비의 인구 비중을 대개 10% 미만으로 추정하고 있다.[24] 고려시대부터 인구의 30~40%가 노비였다는 주장은 근거 없이 제기된 선입견에 불과하다.

고려 노비의 역사적 기원은 형벌노예에 있었다. 왕조에 반란을 일으키거나 중대 범죄를 저지른 사람과 그들의 가족을 몰수한 것이 고려 노비의 원류를 이루었다. 그런 이유에서 고려의 노비들은 정치적으로 위험시되었다. 고려왕조가 양천교혼을, 특히 노가 양인 여자와 결혼하는 것을 강력하게 금지한 것은 그 때문이었다. 노가 양녀와 결혼하도록 노의 주인이 시켰으면 그 주인을 장 100의 엄벌에 처하였다. 양녀의 부모도 1년의 유배에 처하였다. 고려 노비의 인구 비중이 낮은 수준에서 억제된 것은 이같이 노와 양녀의 결혼이 엄하게 단속되었기 때문이다.

고려 노비는 주로 왕실, 관부, 사원에 의해 소유되었다. 개경에 집주集住한 귀족과 중앙군이 소유한 노비는 얼마 되지 않았다. 이색李穡, 이규보李奎報와 같은 고급 양반이 소유한 노비는 고작 10~20명에 불과하였다. 조선의 양반관료가 소유한 대규모 노비에 비할 때 군색하기 짝이 없다. 그나마 고려왕조는 노비의 자유로운 매매를 불허하였다. 노비는 원래 왕실이 소유한 국가노예로서 민간에 하사된 존재라는 정치적 기억에서였다. 고려 노비는 주인의 완전한 사유재산이 아니었다. 노비의 가격이 조선 노비에 비해 5~6분의 1에 불과한 것도 그 때문이었다.

고려의 노비들은 원래 정치적 이유에서 노예로 잡힌 자들이기 때문에 정치적 환경의 변화에 따라 쉽게 해방될 수 있었다. 노비의 영구지배를 정당화하는 이데올로기의 결여, 낮은 수준의 노비 가격과 같은 조건도 노비의 잦은 해방을 촉구하였다. 고려의 왕들은 왕실 노비 가운에 유능하고 충직한 자를 고급 관료로 선발하였다. 그 가운데는 재상의 반열에까지 오른 사람이 드물지 않았다. 무신시대의 최고 집권자 이의민李義旼은 경주의 어느 절에 속한 비의 아들이었다. 14세기 공민왕 때의 집권자 신돈辛旽도 마찬가지 출신이었다.

고려와 조선의 노비제를 비교할 때 흥미로운 사실 한 가지는 고려의 노비들은 도합 10회에 걸쳐 반란을 일으켰는데, 조선의 노비들은 한 번도 그런 적이 없다는 사실이다. 1198년

개경에서 노비의 난이 일어났다. 주모자인 만적은 "장상將相에 어찌 종자가 있느냐."고 하면서 노비의 주인을 모조리 죽인 다음 스스로 장상이 되고자 하였다. 이런 식의 정치의식은 가축의 똥오줌을 덮어쓴 조선의 노비로부터는 찾을 수 없는 것이다. 고려의 노비들은 원 자유인으로서의 기억을 완전히 상실하지 않았다. 고려의 노비는 주인의 부당한 억압에 맞서 주인을 고소하였다. 알려진 한 가지 사례에 의하면, 어느 노는 주인의 살인과 강도 범죄를 고발하여 처벌을 받게 하였다.[25] 고려왕조는 노비의 법 능력을 완전히 박탈하지 않았다.

태종의 노비제 봉쇄정책

고려왕조의 멸망과 조선왕조의 성립은 공동체사회에서 신분제사회로의 이행을 의미하였다. 농업생산력이 발달하고 토지가 개인의 사유재산으로 바뀌었다. 개경의 양반과 중앙군은 농촌 곳곳으로 내려가 농장을 개간하고 정착하였다. 그들은 주변의 농민들을 농장의 노비로 끌어 들였다. 양수척楊水尺과 같은 떠돌아다니는 무리도 농장의 노비로 정착당하였다. 이 같은 경로를 통해 조선의 입역노비가 생겨났다.

고려 말기의 정치적 혼란기에 다수의 농민들이 정부와 귀족의 수탈을 피해 사원의 노비로 몸을 맡겼다. 그들은 약간의 공물을 사원에 상납하였다. 새로운 왕조는 이들 사원노비를 몰수하여 왕족과 공신에게 분배하였다. 조선의 납공노비는 이렇게 해서 생겨난 존재이다. 어쨌든 14세기 후반 이래 구래의 공동체사회가 새로운 신분제사회로 분해되는 문명사의 일대 전환과 더불어 노비 인구가 증가하는 추세는 누구도 억누르기 힘든 역사의 대세를 이루었다.

조선왕조를 연 정치세력은 고려왕조의 전통을 이어 노비 인구의 확산을 억제하는 정책을 취하였다. 고려왕조의 말기에 그들은 노비의 매매를 금지하고 억울하게 노비로 잡힌 자들을 조사하여 양인으로 해방하였다. 노비제 억제 정책을 가장 열정적으로 추진한 사람은 조선왕조의 제3대 국왕 태종이다. 1401년 그는 노비와 양인과의 결혼을 전면 금지하는 영을 발하였다. 이미 결혼한 노와 양녀는 몇 년이 지났어도 강제로 분리되었다. 그들의 자식은 양인 신분으로 돌려졌다. 이를 어길 경우 주인까지 처벌의 대상이 되었다.

이 조치는 너무나 과격하여 별 효력이 없었다. 1405년에는 조금 완화된 정책이 발포되었다. 노와 양녀의 결혼을 전면 금지함은 이전과 마찬가지였다. 기왕의 결혼은 불문에 부쳐졌다. 이것이 완화된 점이다. 금후 영을 어기고 노가 양녀와 결혼할 경우 혼인한 두 사람과 그들의 자식은 모두 관노비로 몰수되었다. 주인이 시켰을 경우는 주인도 처벌의 대상이 되었다. 주인이 알지 못했을 때는 처벌을 받지 않고 그의 노가 몰수되는 것도 면할 수 있었다. 얼마 있지 않아 노와 결혼한 양녀를 몰수하여 관비로 삼는 조치도 취소되었다.[26] 이 같은 면제 규정으로 인해 이 새로운 조치의 효력에도 한계는 있었다. 그렇지만 노의 주인이 재산을 늘릴 목적에서 노와 양녀의 결혼을 강제할 경우, 주변 사람의 신고로 처벌을 받음은 물론이요, 소유한 노와 그의 자식까지 몰수당할 위험성을 감수하지 않으면 안 되었다.

나아가 1414년 태종은 양인 남자와 비가 출생한 자식의 신분을 아버지를 따라 양인으로 판정하는 종부위량법從父爲良法을 선포하였다.[27] 오랜 기간의 숙고 끝에 내려진 일대 결단이었다. 양인 남자와 비의 자식은 고려 이래로 천자수모법 내지 일천즉천의 원리에 따라 노비 신분이었다. 종부위량법을 발하면서 태종은 "하늘이 이 백성을 낳음에 있어서 본래 노비는 없었다."고 일갈하였다.[28] 중국 송의 태종은 하늘 아래에 노비가 있을 수 없다면서 민간이 노비를 소유하는 것을 금지하였다. 이후 중국사에서 노비는 원칙적으로 범죄자 출신의 관노비에 한하였다. 조선의 태종은 그렇게까지 할 의지와 능력이 없었다. 그 대신 그는 노와 양녀와의 결혼을 금하는 한편, 비와 양인 남자의 자식을 양인 신분으로 돌림으로써 노비 인구를 현재의 수준으로 봉쇄하는 정책을 펼쳤다. 앞서 소개한 대로 1405년 태종은 노비는 영원히 해방될 수 없다는 법을 발포하였다. 이는 태종의 노비 정책이 오락가락했다기보다 노비는 노와 비의 결혼만으로 단순 재생될 뿐이라는 그의 노비제 봉쇄정책의 한 가닥이라고 해석되어야 마땅할 것이다.

세종, 노비의 권리를 박탈하다

1418년 8월 세종의 시대가 열렸다. 이래 태종의 노비제 봉쇄정책은 신분적 특권을 추구하는 양반관료의 공세에 밀려 조금씩 허물어졌다. 1420년 9월 예조판서 허조許稠는 노비가 주인을 고소할 경우 이를 수리하지 말고 참형에 처해야 한다고 주장하였다. 허조는 중국 당의 태종이 노가 주인을 고소할 경우 설령 그 내용이 반역에 관한 것이라도 이를 수리하지 않고 노를 참해버린 고사를 그 근거로 제시하였다. 이 같은 허조의 주장에 세종은 동의하였다.[29] 당일의 『왕조실록』을 보면 그를 둘러싼 어떠한 찬반 논쟁도 없었다. 세종은 신하들의 과격한 요구를 순순히 수용하였을 뿐이다. 이후 노처奴妻와 비부婢夫도 이 법의 적용 대상이 되는 것으로 해석되었다. 다시 말해 양인 신분의 노처와 비부도 배우자의 주인을 고소할 경우 목이 잘리게 되었다.

당일 허조는 군현의 아전과 백성이 수령이나 감사를 고소하는 일도 살인죄나 반역죄가 아닌 이상 불문에 부치고 고소한 사람을 처벌해야 한다고 주장하여 세종의 승낙을 받았다. 이 법으로 일반 백성이 전통적으로 지녀온 법적 권리가 크게 위축되었다. 세종이 일반 백성의 권리를 민주적으로 신장했다는 통설적 이해는 크게 잘못된 것이다. 역사학자들은 흔히들 이 법을 가리켜 부민고소금지법部民告訴禁止法이라 부르고 있다. 그런데 노비가 주인을 고소할 수 없다는 법에 대해서는 크게 주목을 하지 않은 가운데 별 이름을 붙이지 않았다. 이하 나는 그 법을 노비고소금지법奴婢告訴禁止法이라 부르겠다.

1420년의 노비고소금지법은 그대로 실행될 수 없는 모순을 안고 있었다. 조선왕조는 중국 명의 『대명률大明律』을 형률로 빌려 썼다. 『대명률』은 아들이나 손자가 조부모나 부모를 고소하는 것을 인륜의 명분을 범하는 행위로 간주하여 장杖 100과 유배 3년의 형벌에 처했으며, 무고로 드러날 경우 교형絞刑에 처하였다. 노비가 가장이나 그의 친족을 고소할 경우도 같은 형벌에 처해졌다. 기한부 예속인인 고공雇工의 경우는 노비보다 1등을 감하여 처벌하였다.[30] 이 같은 『대명률』과 1420년의 노비고소금지법은 처벌의 경중이 같지 않았다. 허조 등은 『대명률』의 해당 규정을 알지 못한 채 성급하게 문제를 제기했으며, 세종 역시 그 법률적 타당성을 따지지 않은 채 경솔하게 결정을 내렸다.

1422년에 이 문제가 다시 거론되었다. 형조가 새롭게 올린 건의는 주인을 고소한 노비를 처벌하되 『대명률』의 무고죄를 적용하여 교형에 처하며, 노처와 비부에 대해서는 1등을 감하여 장 100과 유배 3년에 처하자는 것이었다.[31] 다시 말해 조선의 양반관료들은 주인의 범죄 여부를 따지지 않고 노비의 주인 고소를 무조건 무고죄로 다스리고자 하였다. 『대명률』의 해당 조문을 살피면, 명은 노비의 고소가 사실인지 무고인지를 따졌을 뿐 아니라, 몇 가지 경우에 대해서는 노비의 고소가 인륜의 명분을 침해하지 않는다고 간주하여 그 정당성을 인정하였다. 즉 주인이 모반할 경우나, 주인이 범죄자를 숨기거나, 주인의 친족이 서로 살인하거나, 주인의 친족이 노비의 재산을 빼앗거나, 합당한 이유 없이 구타하여 상처를 입히거나 할 경우는 그 고소의 정당함이 인정되었다. 그와 대조적으로 조선의 양반관료들은 노비의 주인 고소가 인륜의 명분에서 정당할 수도 있음에 대해 하등의 주의를 기울이지 않았다. 당일의 『왕조실록』을 보면 노비의 고소를 일체 교형으로 다스리자는 신하들의 주장에 세종은 역시 순순히 동의하였다.

이렇게 성립한 노비고소금지법은 이후 조선왕조의 여러 법전에 등재되었다. 1460년대에 편찬된 『경국대전』은 자손과 처첩과 노비가 부모와 가장을 고소한 경우 모반과 반역을 제외하고 교형에 처하며, 노처와 비부는 장 100과 유배 3천 리에 처한다고 하였다.[32] 모반과 반역의 경우는 면제한다고 함이 1422년의 결정과 상이하나 이는 노비의 인권에 대한 배려와 하등의 관련이 없었다. 다시 말해 1422년 이후 조선의 노비는 주인의 어떠한 불법 행위나 악행에 대해 저항할 법 능력을 상실하였다.

나는 조선 노비제의 확립에 있어서 1422년의 노비고소금지법 제정만큼 중요한 것은 없다고 생각한다. 노예의 진정한 요건은 법 능력의 상실에 있다. 이를 가리켜 올란도 패터슨은 '사회적 죽음Social Death'이라 하였다.[33] 노예는 살아 있지만 실은 죽은 자와 마찬가지이다. 타인의 불법 행위에 대해 맞설 권리가 없고 자신을 보호해줄 공동체를 상실한 상태가 어느 인간이 노예인 바의 본질이다.

전술한 대로 고려의 노비들은 주인의 불법 행위를 고소할 수 있었다. 그들은 사회적으로 완전히 죽은 상태가 아니었다. 1422년의 노비고소금지법은 노비들로부터 그들이 보유한 사회적 생명으로서의 권리, 상징, 기억을 박탈하였다. 이래 노비들은 사회적으로 죽어버린 자로서 동물이나 가축의 똥오줌을 덮어쓴 존재로 천시되기 시작하였다. 주인의 완전한 사유재산이 되니 그 몸값이 오를 수밖에 없다. 전술한 대로 『경국대전』은 노비의 재산 가치를 고려 노비보다 5~6배 높은 666일의 임금으로 정하였다.

주자의 아름다운 말씀

어느 노예제사회고 노예의 살인을 정당화하지는 않았다. 1791년 미국 조지아주의 헌법은 노예의 살해를 백인의 살해와 동일시하였다. 1821년 남캐롤라이나주는 노예를 과실 치사한 경우에도 6개월의 감옥살이와 500달러의 벌금이라는 중형에 처하였다. 미국 남부의 노예주가 대부분 그러하였다. 그렇지만 그런 형률로 처벌을 받은 백인은 극히 드물었다. 범죄를 증언할 죽은 자의 동료가 법정에서 증언 능력을 결여한 노예이기 때문이다. 법이 표방한 휴머니즘은 노예의 인권을 위한 것이라기보다 백인사회의 도덕적 오염을 막기 위한 취지였을 뿐이다.[34]

그 점은 15~17세기 조선에서도 마찬가지였다. 『대명률』은 가장과 그의 친족이 관에 고하지 않고 노비를 함부로 죽일 경우 노비에 죄가 있으면 장 100의 형벌에, 죄가 없으면 장 60과 유배 1년의 형벌에 처하였다. 죽은 노비의 가족은 양인으로 해방되었다.[35] 『대명률』을 빌려 쓴 조선왕조가 그 법을 무시하기는 곤란하였다. 어느 누구도 노비를 함부로 죽일 경우 처벌을 받아야 한다는 법리를 대놓고 부정할 만큼 뻔뻔스럽지는 않았다. 그렇지만 남북전쟁 이전의 미국 남부에서와 마찬가지로 법의 실효력은 거의 없었다.

1422년 노비고소금지법이 제정된 이후 주인의 노비 살해가 이전보다 빈번해졌음은 짐작하기 어렵지 않다. 그에 대해선 1434년 세종 자신이 그 법이 제정된 이후 주인이 꺼릴 것 없이 노비를 때려죽이고 있다고 한탄할 정도였다.[36] 실은 그보다 앞서 1426년 세종은 노비를 함부로 죽이는 일을 금하는 법을 제정하려고 하였다. 그랬더니 변계량卞季良, 1369~1430 등 당대의 명신들이 정치를 함에 있어서 명분보다 중요한 것은 없다는 이유를 들어 그에 반대하였다. 변계량은 "살인이 비록 중한 죄이긴 하나 노비를 죽이는 일이 어찌 그리 무거울 것인가."라는 주자朱子의 말을 인용하기까지 하였다. 그랬더니 세종이 그 말을 아름답게 여겼다고 한다.[37]

나는 변계량의 말이 과연 사실인지 확인하기 위해 『주자어록朱子語錄』을 샅샅이 뒤진 적이 있다. 주자가 그런 말을 했을 리는 없다. 주자가 정립한 송 성리학의 기본 취지에서 그런 말은 발상으로도 성립하기 힘들다. 세종조의 학자들은 주자가 정립한 오륜에다 주노主奴의 명분 하나를 추가한 다음, 노비를 살해한 죄는 주노의 명분보다 가볍다는 해괴한 논리로 세종을 좌절시켰다.

실은 세종 자신이 그러한 명분론에 누구보다 충실한 사람이었다. 그는 노비를 함부로 죽인 양반을 유배형에 처하긴 했지만, 금방 풀어주기를 반복했다. 그런 가운데 노비를 잔혹하게 살해하는 행위가 도를 넘어 자행되었다. 1444년, 치세 26년의 세종은 그에 대한 자신의 입장을 다음과 같이 자세하게 밝혔다.

> 우리나라의 노비법은 상하 명분을 바로잡는 데 매우 중요하다. 이에 노비와 주인 간의 범죄에 있어서 주인을 치켜세우고 노비를 억누르니 이는 아름다운 법이다. 그렇지만 노비도 하

> 늘이 낸 백성이다. 노비가 함부로 맞아 죽는 것을 임금이 어찌 두고만 보겠는가. 『대명률』을 살피니 주인이 노비를 함부로 죽이는 것을 다스리는 법이 있다. 이제부터 그 법을 제대로 시행할 일이다. 그런데 우리나라 노비제는 그 명분의 엄격함이 중국의 노비제와 다르다. 사가에서 은밀하게 이루어지는 일을 어찌 일일이 다 적발하여 논죄할 수 있겠는가. 다만 노비를 달군 쇠로 단근질하거나, 코와 귀를 베거나, 얼굴에 자자刺字를 하거나, 발바닥의 속을 도려내거나, 큰 돌이나 나무로 짓이겨 잔혹하게 죽인 경우에 그 노비의 가족을 인정상 어찌 계속 노비로 부릴 수 있겠는가. 그들을 주인의 지배로부터 떼어내 관노비로 속공함이 마땅하다.[38]

이상과 같이 세종의 노비에 대한 보살핌은 잔혹하게 죽임을 당한 노비의 가족을 관노비로 몰수하는 수준에 머물렀다. 『대명률』 그대로라면 양인으로 해방해야 했다. 그렇지만 세종이 베푼 모처럼의 후의는 이후 『경국대전』에 실리지 못하였다. 그 법전은 주인이 함부로 노비를 죽인 범죄를 다스리는 어떠한 조문도 싣지 않았다. 그 범죄는 사실상 방임되었다.

병길丙吉은 시신에 대해 묻지 않았다

1478년 성종 9년의 일이다. 한성부 성내에서 잔혹하게 맞아 죽은 비의 시체가 발견되었다. 성종이 대로하여 비를 죽인 주인을 찾고자 노비의 고소를 허락하였다. 그랬더니 조정의 신하들이 벌떼같이 일어나 반대하였다. 이틀을 끈 논쟁을 종식시킨 것은 서거정徐居正의 다음과 같은 말이었다. "옛날 중국 한의 재상 병길丙吉은 길 가운데 버려진 죽은 사람의 시체는 묻지 않고 소가 헐떡이는 것을 물었다. 한 사람의 죽음은 족히 근심할 바가 없지만, 소가 헐떡임은 음양이 어그러져 생긴 큰 변고이기 때문이다. 지금 노비가 주인을 고소하게 한 것은 소의 헐떡임보다 더 큰 변고가 아닐 수 없다."[39]

길거리에 버려진 맞아 죽은 사람의 시체는 재상이 관심을 둘 문제가 아니다. 그것은 하급 관리의 소관이다. 그 대신 덥지도 않은 봄날에 소가 헐떡이면 이는 천지 간의 음양이 어긋나서 그러하니 재상이 반드시 그 연유를 캐물을 변고라는 뜻이다. 결국 서거정은 성종에게 임금이 되어서 하급 관리나 다룰 하찮은 문제를 가지고 다투지 말고, 하늘의 뜻을 올바로 살펴 노비가 주인을 고소하는 일대 변고를 만들지 말라고 꾸지람을 한 셈이었다.

그에 대해 성종은 아무 말이 없었다고 『왕조실록』은 전하고 있다. 이후 17세기까지 조선왕조의 어느 군왕도 노비를 함부로 죽인 주인의 범죄를 추궁하지 않았다. 후왕後王들을 그렇게 무기력한 존재로 만든 사람은 양반관료들이 '해동의 요순'으로 칭송한 세종 바로 그이였다.

세종, 양천금혼의 빗장을 풀다

전술한 대로 1414년 태종은 비가 양인 남자와 결혼하여 낳은 자식을 아버지의 신분을 따라 양인 신분으로 삼는다는 법을 제정하였다. 세종의 시대가 열린 이래 조정의 관료들은 몇 차례 이 법의 부당함을 논했으나 세종은 선왕이 남긴 아름다운 법이라 하면서 듣지 않았다. 세종은 과연 효성이 지극한 왕으로서 아버지의 법을 함부로 바꾸지 않았다.

그러한 세종이 입장을 바꾸는 것은 그의 치세 14년째인 1432년의 일이다. 동년 3월 15일 세종은 자진하여 "다시 생각해보니 천한 비가 남편을 자주 갈아 그 자식이 어느 남편의 소생인지 구분하기 힘들어 양인과 천인이 뒤섞이고 아비를 아비로 하지 않는 패륜이 발생하니 그 대책을 강구하라."

고 조정에 지시하였다. 그에 대해 조정의 관료들은 천한 계집이 날마다 남편을 갈아치움이 금수와 같으니 그 법을 폐지하거나 개정함이 타당하다고 화답하였다.[40] 열흘 뒤 조정이 내린 결론은 양인과 천인은 원래 '종류'가 다르니 차후 비가 양인 남자와 결혼하는 것은 금하고, 그 소생은 어머니의 신분을 따라 노비로 삼자는 것이었다.[41] 이른바 종모위천법從母爲賤法이다. 이하 종모법이라 약칭한다.

여기서 태종의 노비제 봉쇄정책은 크게 허물어졌다. 차후 비와 양인 남자의 결혼을 금지한다고 했지만, 그것은 법 제정에 따른 겉치레 명분에 불과하였다. 세종과 그의 신하는 비와 양인 남자의 결혼을 어떻게 처벌할지에 대해 논의하지 않았다. 이 법은 원래 발의자 세종이 토로한 대로 비는 성적으로 문란한 금수와 같아서 그 소생의 부계父系를 인정할 수 없다는 고정관념에서 비롯되었다. 세종은 노비를 정상의 인류로 간주하지 않았다. 그 이류異類의 소생을 노비로 잡으면 그만이지 그와 결혼한 양인 남자까지 처벌할 필요는 없었다. 1432년 세종이 제정한 종모법은 사실상 양천교혼을 방임하는 효과를 낳았다.

다른 한편 노와 양녀의 결혼에 대해 그 자식을 관노비로 속공한다는 태종의 법은 세종조에 걸쳐 그 형식을 유지하였다.

그에 따라 관노가 양녀와 낳은 자식은 관노비가 되었는데, 이는 누구에게도 손해가 되지 않은 일이었다. 사노가 양녀와 낳은 자식을 관노비로 몰수함은 노 주인의 이해에 반하지만, 그리 심각한 저항의 대상이 되지 않았다. 법의 효력이 거의 없었기 때문이다. 사노와 양녀의 결혼을 고발할 어떠한 이웃도 나타나지 않을 만큼 양천교혼은 이미 충분히 방임된 현실이었다. 노와 양녀의 소생을 관노비로 몰수하는 태종의 법이 폐기되는 것은 1454년 단종 2년의 일이다.[42] 세종이 죽고 난 4년 뒤였다. 아버지의 법을 고집하던 세종이 죽자 오랫동안 기다려왔던 신하들이 그마나 형식이라도 유지해온 법을 폐기한 것이다.

이후 편찬된 『경국대전』은 노비의 신분 세습에 대해 "대저 천인의 신분은 어머니를 따른다. 다만 천인이 양녀와 결혼하여 낳은 소생은 아버지를 따른다."고 하였다.[43] 이상과 같은 경과를 통해서였다. 이래 전술한 대로 노비가 전체 인구의 거의 절반에 달하도록 크게 팽창하였다. 나는 양천교혼을 금지하고 억제해온 역대의 노비정책이 이토록 완벽하게 허물어진 것을 세종의 탓으로만 돌리지 않는다. 그렇지만 세종이 제정한 종모법이 양천금혼의 빗장을 풀어버린 공적만큼은 부정하기 힘들다고 생각한다.

충노忠奴 미담

16세기는 한국사에 있어서 노비제의 전성기이다. 전체 인구의 적어도 40%가 노비였다. 한 번 노비는 영원한 노비였다. 노비가 해방될 수 있는 길은 꽁꽁 막혔다. 1485년 충청도 진천에 사는 사노 임복林福이 2천 석의 곡식을 헌납하면서 자신과 자식 4명의 해방을 청원하였다. 무언가 장사를 해서 크게 성공한 노였던 모양이다. 성종은 허락하고자 했지만 신하들의 거센 반대가 있었다. 한 번 길을 터주면 뒤를 감당할 수 없다는 이유에서였다. 임복 부자는 성종의 후의를 입어 1천 석을 더 바치고 해방되었다. 그러자 2주일 뒤 전라도 남평의 사노 가동家同이 2천 석을 바치면서 해방을 청하였다. 한 번 길을 텄기 때문이다. 그러자 성종은 가동의 소원을 들어보지도 않은 채 헌납 자체를 거부하였다.[44] 이후 임진왜란이 터질 때까지 어느 노비도 임복과 같은 해방의 기회를 누리지 못하였다.

한 번 노비는 영원한 노비라는 신분의 굴레는 그에 충실한 심성의 인간군을 배출하였다. 이른바 충노忠奴라 하였다. 반석평潘碩枰, ?~1540은 원래 천얼賤孽이었다. 곧 비첩의 아들로서 신분이 노였다. 재주가 비상했던 모양이다. 그 할머니가 천얼임을 은폐하고 가문을 일으키고자 손자를 이끌고 서울로 와서 길쌈과 바느질로 반석평을 가르쳤다. 드디어 과거에 급제하여 주요 관직을 두루 거치니 사람들이 모두 그 할머니를 현명하게 여겼다. 이상은 반석평에 관한 『왕조실록』의 기사이다.[45] 『중종실록』을 보면 출신이 미천하여 진급할 때마다 사간원의 시빗거리가 되었다. 그래도 능력이 있고 성품이 온유하여 벼슬이 관찰사와 형조판서에 이르렀다.

이 같은 노의 출세담으로부터 16세기가 노비의 사회적 성취를 용인한 개방적 시대였다고 생각하면 큰 착각이다. 노 신분의 과거 응시는 제도적으로 불가능하였다. 반석평의 출세는 양반 신분의 할머니가 얼손자의 신분을 철저하게 세탁했기에 가능한 일이었다.

반석평의 출세담은 후세에 이르러 충노 미담으로 승화하였다. 18세기 말 우하영禹夏永의 『천일록千一錄』에 전하는 그의 설화는 다음과 같다. 석평은 원래 모 재상의 가노였다. 재상이 그 재주와 성품을 아껴 자식이 없는 부자에 맡겨 아들로 삼은 다음 종적을 감추고 힘써 공부하게 하였다. 이후 석평이 과거에 급제하였다. 청렴하고 겸손하여 나라가 크게 의지하는 대신이 되었다. 그사이 주인의 자손은 보잘 것 없는 신세로 추락하였다. 어느 날 석평이 길에서 주인의 아들을 만났다. 주저없이 가마에 내려 절을 하였다. 그러고선 조정에 그간의 진실을 고백하고 자신의 관직을 삭탈하고 주인의 아들에게 주기를 청하였다. 조정이 이를 의롭게 여겨 주인의 아들에게 관직을 내리고 석평의 관직은 그대로 두었다.[46]

앞서 소개한 『왕조실록』 기사와 많은 차이가 있다. 고위 관료가 된 석평이 뒤늦게 신분을 고백했다거나 자신의 관직을 삭탈하도록 청했다는 부분은 『왕조실록』에 비출 때 사실이 아니다. 조정이 주인의 아들에게 관직을 내렸다는 대목도 있을 수 없는 일이다. 『천일록』이 전하는 반석평의 충노 미담은 후세가 꾸며낸 것이다.

이외에 신분을 속이고 출세한 노의 예가 몇 가지 더 있다. 유극량劉克良, ?~1592은 평안도 연안 출신이다. 그의 어머니는 재상 홍섬洪暹, 1504~1585의 비였다. 극량이 어린 나이에 무과에 급제한 다음 벼슬이 차츰 높아졌다. 어머니가 극량에게 말하였다. "나는 본래 재상 홍섬의 비였다. 어릴 적에 실수로 옥배를 깨뜨려 죄를 받을까 두려워 도망을 쳐 너의 아버지를 만났다." 극량이 듣고 즉시 상경하여 주인집에 자수한 다음 상소를 올려 관직을 삭탈 받고 노가 되고자 하였다. 홍섬이 이를 의롭게 여겨 해방문서를 작성해주었다. 극량은 이후에도 홍섬을 주인으로 섬기기에 성의를 다하였다. 어느 날 위장衛將이 되어 군을 지휘하고 있는데 홍섬이 편지로 불렀다.

극량이 즉시 가고자 하니 동료가 말했다. "군을 맡은 것은 나라의 대사이다. 너는 어찌 가벼이 가는가." 극량이 말하였다. "옛 주인이 부르는데 감히 지체할 수 없다." 그러자 동료들이 크게 경탄하였다.[47] 이 설화가 그대로 사실인지도 의문이다. 『선조실록』은 유극량에 대해 가문이 한미하다고 했을 뿐이다. 유극량은 임진왜란 때 방어사 신할申硈 휘하의 부장으로 활약하다가 임진강 전투에서 전사하였다.[48]

충노 설화는 이외에도 많다. 하나만 더 소개한다. 이수민李秀民은 신씨 집의 가노였다. 영민하고 충성을 다하여 주인의 사랑을 받았다. 이를 시기한 주인의 아들이 수민을 죽이려고 하였다. 주인이 알고서 약간의 돈을 주어 멀리 나가 종적을 감추고 살게 하였다. 수민이 크게 재산을 일구어 호서와 호남과 영남에 농장을 마련하였다. 그러면서 서울의 주인집 소식을 몰래 살폈다. 주인이 죽고 그 아들이 패가망신하여 토막에 사는 거지가 되었다. 수민이 찾아가 "노주奴主의 분은 감히 허물 수 없다."고 하면서 호서 농장을 내주었다. 몇 년이 지나서 주인의 아들은 다시 거지가 되었다. 수민이 다시 찾아가 "소인이 미리 준비해둔 바 있다."고 하면서 호남 농장을 내주었다. 그러고선 "이후는 소인이 알 바가 아니다."며 영원한 이별을 고하고 영남으로 돌아왔다. 수민은 80세를 넘게 살았

다. 자손이 번성했는데 대를 이어 급제를 배출하였다.[49]

18세기 노비제 해체기의 설화로 보인다. 그만큼 사실성은 형편없이 떨어진다. 어쨌든 한 번 노비면 영원한 노비라는 신분 세습의 억센 굴레는 그에 충실한 심성의 인간군을 배출하였다. 충노 미담은 그 억센 굴레를 도덕적으로 정당화하는 역설로 작용하였다.

추노推奴 활극

동서고금을 막론하고 인간은 스스로 이롭고자 하는 본성을 지니고 있다. 나는 그렇게 믿는다. 신분 세습의 굴레가 억센 만큼 그에 대한 저항도 거셌다. 노비는 기회가 닿는 대로 주인을 배반하고 도망을 쳤다. 충노보다 반노叛奴가 조선 노비의 훨씬 일상적이고 친근한 모습이다. 함께 힘을 모아 반란을 일으키지는 못했다. 그러기 위해서는 자유인으로서의 의식을 공유할 필요가 있으나 그러하질 못하였다. 그 대신 조선의 노비들은 끊임없이 도망을 쳤다.

세조조에 한명회韓明澮라는 권력자가 있었다. 그는 공노비 총 45만 명 가운데 10만 명, 곧 22%가 도망 중이라고 하였다.[50] 16~17세기 경상도 안동의 이씨 양반가에서 노비의 상속은 평균 29년 만에 한 번씩 이루어졌다. 어느 노비나 그의 자손이 다음 상속에서 그 존재가 확인되는 정도는 평균 38%에 불과하였다.[51] 그만큼 노비의 도망은 심하였다. 대다수의 노비는 도망을 계획했으며, 도망을 결행한 노비는 전체 노비의 30~40%에 달하였다.[52]

도망 노비를 잡아들이거나 밀린 신공을 받아내는 행위를 추노推奴라 하였다. 도망이 심했던 만큼 추노도 집요하였다. 조선왕조 16~17세기는 쫓고 쫓기는 자들이 빚어내는 활극으로 술렁인 시대였다. 그 가운데 임진왜란 때 의병장으로 활약한 김덕령金德齡의 추노 설화가 널리 알려져 있다. 덕령이 어느 가난한 과부의 딸과 혼인을 하였다. 장모에게 장인이 돌아가신 해를 물었다. 장모가 답하기를 집이 가난하여 추노를 나갔다가 흉악한 노들에게 살해됐다고 하였다. 덕령은 첫날밤도 치르지 않고 쇠방망이를 들고 노들이 사는 곳으로 갔다. 노들이 덕령을 환대하면서 큰돈을 내겠으니 속량해주기를 청하였다. 그러고선 덕령을 뱃놀이에 초대하였다. 드디어 바다 위에 이르자 흉악한 노들이 눈을 부릅뜨며 말하기를 "너의 장인이 탐욕을 부려 호랑이 굴로 찾아와 죽었거늘 너 어린놈이 감히 처가를 위해 추노를 한다고 또한 사지에 들어왔다."

고 하였다. 덕령이 몸을 공중으로 솟구쳐 배를 내려치니 배가 뒤집혀 악당들이 모두 바닷물에 빠져 죽었다. 덕령이 노들의 마을로 돌아오니 남녀노소가 모두 도망쳤다. 덕령이 그들의 재산을 모조리 빼앗아 장모에게 바쳤다는 이야기이다.[53]

한 가지를 더 소개한다. 1988년에 처음 알려진 『김씨남정기金氏南征記』라는 소설이다. 김덕령 장군의 설화는 그의 정의감과 무용담을 드러낼 의도에서 과장이 심하지만, 이 소설은 숙종 연간1674~1720의 실화를 바탕으로 한 것이다. 소설에 등장하는 사람들은 모두 실존 인물이며, 그 실제 행적이 소설의 내용과 일치하여 소설의 사실성을 뒷받침하고 있다.[54]

충청도 해미에 김씨 여인이 살았다. 중종 조의 재상 김안국金安國의 후손이다. 충청도 면천의 황동노黃東老와 혼인하여 가난하지만 화목하게 살았다. 어느 날 김씨는 영광에 사는 선대 노비의 추노를 남편에게 부탁하였다. 동노가 영광에 갔다가 박천강朴天江 등 노비들에게 봉변만 당하고 돌아왔다. 이후 천강이 찾아와 진짜 주인이면 신공을 바치겠다고 하였다. 다음 해 동노가 추노를 하러 다시 영광에 갔다가 천강 형제에게 살해되었다. 김씨는 남편의 원수를 갚고자 영광으로 갔다. 천강은 가족을 이끌고 고부군의 어느 섬으로 잠적하였다. 김씨가 고부군수에게 천강의 체포를 부탁하나 군수는 천강의

뇌물을 받고서 응하지 않았다. 김씨는 전라감사에 청하여 천강을 체포했으나 역시 뇌물로 풀려났다. 마침내 김씨는 암행어사 김흥경金興慶의 도움을 받아 천강을 곤장으로 쳐 죽이고 간을 꺼내 씹었다.

이외에 추노 설화는 수도 없이 많다. 모든 설화는 예외 없이 공통의 플롯으로 전개되며 공통의 귀결을 맞는다. 도망치거나 신공을 내지 않는 노는 반노叛奴, 횡노橫奴, 악노惡奴로서 악의 세계를 대표한다. 추노하러 간 양반의 후손은 선의 세계에 속한다. 일시 악이 선을 이겨 양반의 후손은 살해된다. 그렇지만 선의 세계가 끝내 승리하여 반노들을 처형한다. 양반의 후손은 재산을 되찾고 복록을 누린다. 이 같은 귀결에 일대 반전이 발생하여 양반의 후손과 노비의 후손이 화해를 하거나 결혼까지 하는 것은 20세기 초의 신소설에 이르러서이다.[55] 다시 말해 19세기까지 양반=선과 노비=악의 대립 구도는 조금도 쇠하지 않았다. 몇 차례 지적했듯이 노비란 원래 금수와 같거나 종류가 상이한 무리였다. 세종이 그의 노비 정책에서 노골적으로 드러낸 그 같은 노비관은 조선왕조 말기까지 완강하게 이어져내렸다.

성군이라면 영조

1592년에 발발한 임진왜란은 철옹성 같아 보인 노비제에 흠집을 냈다. 국방의 화급한 필요에서 조선왕조는 군공을 세운 노를 해방하거나 노에게도 무과에 응시할 기회를 제공하였다. 또한 군수를 확보하기 위해 50~100석의 곡식을 헌납한 노를 해방하였다.[56] 이 같은 정책은 임진왜란 이후에도 심각한 흉년에 빈민을 구제할 목적으로 간헐적으로 행해졌다.

조선왕조의 노비 정책이 노비의 인권을 개선하는 방향으로 전환하는 것은 현종 연간1660~1674부터이다. 그 역시 정치군사적 요인에 의해서였다. 1636년 조선왕조는 청의 침입을 맞아 항복하였다. 국왕 인조는 삼전도에서 청 태종에게 3배9고의 굴욕적인 예를 올렸다. 조선왕조의 지배층은 그 치욕을 갚기 위해 청을 정벌할 꿈을 꾸었다. 그들은 군사를 확보할 목적에서 다수의 인구를 포섭하고 있는 노비제를 억누르기 시작하였다.

1669년 노와 양녀가 낳은 자식을 양인 신분으로 돌리는 종모위량법從母爲良法이 제정되었다. 이하 종량법으로 약칭한다. 이 법은 당쟁으로 집권세력이 바뀜에 따라 시행과 폐지를 반복했으며, 이에 당장의 큰 효과를 거두지는 못하였다. 조선왕조는 납공노비로부터 신공을 수취하는 노비주의 권리를 제약하였다. 흉년이 들면 신공 수취를 금지했으며, 추노 행위에도 상당한 제약을 가하였다.[57] 앞서 소개한 『김씨남정기』에서 고부군수와 전라감사가 뇌물을 받고 노를 풀어주곤 했던 것도 이러한 시대적 분위기에서였다.

노비제를 해체시킨 가장 중요한 힘은 뭐라 해도 경제 성장과 그에 따른 인구 증가였다. 전국의 인구는 1651년의 1,090만 명에서 1751년의 1,866만 명으로 증가하였다.[58] 인구가 증가하자 토지에 대비된 인간의 재산가치가 하락하였다. "옛날에는 노비를 재산으로 삼았는데 요사이는 토지를 재산으로 삼는다."는 새로운 시대가 찾아왔다.[59] 1680년대에 이르러 노비의 가격이 100냥의 높은 수준에서 10~20냥으로 폭락하였다.[60] 이후 노비들은 별 어려움 없이 약간의 재산을 주인에게 헌납하고 스스로를 해방시킬 수 있었다.

이후 18세기에 걸쳐 노비제의 해체에 가장 공로가 큰 사람은 제21대 국왕 영조英祖, 재위 1724~1776이다. 조선왕조 역대 27명의 왕 가운데 성군을 꼽으라면 나는 주저하지 않고 영조를 꼽겠다. 그의 어머니는 궁중의 비천한 무수리였다. 그래서 그런지 그는 재위 중에 노비를 비롯한 하층 백성의 권리 신장에 많은 노력을 기울이고 큰 업적을 거두었다. 현종 연간에 처음 제정된 종량법은 몇 차례 시행과 폐지를 거듭하였다. 1730년 영조는 양반 노비주의 큰 저항을 무릅쓰고 종량법의 시행을 확정하였다. 이후 노비 인구가 크게 줄기 시작하였다. 앞서 소개한 대로 17세기 말까지 전체 인구의 적어도 30~40%는 노비였다. 그랬던 것이 19세기가 되면 지방마다 다르지만 전체 인구의 10% 전후로 낮아졌다. 그 일등 공신은 1730년에 영조가 단행한 종량법이었다.

이후 노비 신분의 세습은 어머니가 비일 경우로 한정되었다. 그 결과 여러 세대에 걸치는 노비의 가계는 비-비-비의 모계로만 이어지게 되었다. 19세기가 되면 비가 낳은 복수의 딸 가운데 큰딸만 어머니의 신분을 계승하여 비가 되고 나머지 딸은 양녀로 해방되었다. 종량법 이후 노는 대개 자기 당대에 한하는 예속인으로 바뀌었는데, 실제로는 양녀에 장가든 뒤 사실상 자유인으로서 독립함이 일반적이었다.[61]

종량법의 시행에 이어 1740년 영조는 노비를 함부로 살해하는 주인을 처벌하는 남형금단사목濫刑禁斷事目을 반포하였다. 실제로 영조는 비를 살해한 양반가의 부녀자를 종로 네거리에 끌어내 장을 치기도 하였다. 1757년에는 죄인의 가솔을 노비로 적몰하는 연좌제를 폐지하였다. 한국사에서 연좌제의 시행은 7세기 신라왕조부터이다. 노비제의 성립은 연좌제와 밀접한 관련이 있었다. 그 천 년을 넘게 이어온 연좌제가 드디어 폐지되었다.

1750년 오랜 진통 끝에 균역법均役法이 드디어 시행되었다. 영조가 대궐 앞에 양반들을 모아놓고 눈물로 하소연하여 만든 법이었다. 그에 따라 일반 양인의 군포 부담이 연간 2필에서 1필로 낮아졌다. 그로 인해 노비제의 해체 속도를 더하였다. 노비의 신공 부담도 따라서 낮아졌기 때문이다. 1774년 영조는 "여인의 공貢은 천하에 없다."고 하면서 왕실과 중앙정부 각 기관이 소유한 비의 신공을 폐지하였다. 뒤이은 순조 연간1801~1834에는 왕실과 중앙정부에 속한 노비들이 해방되었다. 이후 조선의 노비제는 양반가에 속한 사노비로만 남게 되었다.[62]

죽은 종을 위로하다

18세기에 걸쳐 노비에 대한 정치철학적 이해도 많이 개선되었다. 안정복安鼎福은 노비제가 기자의 법에서 유래하였다는 오랜 신화를 부정하였다. 그는 기자와 같은 성인이 노비가 신분을 영구 세습하는 악법을 만들었을 리가 만무하다고 주장하였다. 이익李瀷은 조선의 노비가 그 신분을 영구히 세습함을 두고 "천하 고금에 없는 법"이라고 사납게 비판하였다. 유감스럽게도 그 말은 사실이었다. 앞서 소개한 대로 조선 노비의 신분 세습은 세계 노예제의 역사에서 유례가 드물 정도로 가혹하였다.

이익은 어느 날 길을 가다가 죽은 종의 무덤을 보았다. 관管이란 이름의 종이었다. 이익은 종의 무덤에 제사를 지내게 하면서 다음과 같은 제문을 지어 올렸다.

> 아무 달 아무 날에 성호星湖 거사는 옛 종의 무덤에 고하노라. 아! 나라의 옛 풍속에 주인과 종의 분을 임금과 신하의 의에 비겼다. 임금이 어질어서 신하가 충성으로 보답하는 것은 당연하지만, 주인은 야박하면서 종에게만 충성을 강요하는 것은 어찌 이치에 합당하겠는가. 너는 한평생 부지런히 윗사람을 받들어 내가 실로 힘입은 바가 많았다. 어찌 차마 잊겠느냐. 너의 자식이 못나서 내가 일찍이 훈계하기도 하였다. 이제 떠돌아다니는 신세가 되어 집을 간수하지 못하니 너의 무덤에 풀이 우거졌는데도 벌초할 사람이 없구나. 살아서는 고생이 심하였고 귀신이 되어서도 굶주리니 어찌 슬프지 않으랴. 내가 우연히 이곳을 지나다가 너를 불쌍히 여기는 마음에

> 서 약간의 떡과 과일을 갖춰 너의 외손을 시켜서 무덤 앞에 술 한 잔 붓게 하고 변변치 못하나마 몇 마디 고하노라. 네가 비록 문자를 해득하지 못하지만, 귀신의 이치는 느껴서 통하는 것이라, 정성이 있으면 깨달을 터이니 너는 흠향하라.[63]

살아선 주인을 섬기느라 고생만 하고 죽어선 아무도 제사를 지내지 않는 원귀가 되어 있을 옛 종에게 한 잔의 술을 올린 이익의 조그만 베풂도 당대의 양반사회에선 꽤나 이례적이었던 모양이다. 이익은 위 제문에 이어 "이 일을 남들이 보면 반드시 나를 비웃을 것이다."라고 하였다.

이익의 노비제에 대한 비판은 이 같은 동정의 수준을 넘지 않았다. 그가 비판한 것은 지배의 가혹함이었다. 그것은 성리학의 본의에 맞지 않는 일이었다. 이익은 진정한 성리학자이고자 했다. 그럼에도 그는 지배 신분으로서 노비를 소유하였다. 1744년 이익은 50명의 노비를 호적에 신고하였다. 그중의 5명은 도망 중이었다. 1753년 이익이 신고한 호적에는 그 도망노비들이 그대로 등록되어 있었다.[64] 그 역시 노비 재산에 집착하였다.

이익을 포함하여 19세기 말까지 어느 정치가나 지식인도 인간은 본시 자유롭고 평등한 존재라는 정치철학에 도달하지 못하였다. 이른바 개혁적인 실학자 어느 누구도 노비제의 전면적 폐지를 주장하지 않았다. 노비제는 현저히 이완되고 있었지만, 조선왕조를 지탱한 신분제의 굴레는 여전히 완강하였다. 왕조의 지배체제 자체가 인간은 피의 청탁에 기인하는 종성種性에서 귀하고 천한 존재로 갈린다는 정치철학에 깊이 뿌리를 박고 있었기 때문이다. "정말이지 노비제는 한국 전근대 사회체제에서 필수불가결의 조건을 이루었다."[65]

『흥부전』의 세상

판소리 『흥부전』은 한국인의 가장 사랑받는 고전이다. 하층 서민은 그들도 언젠가 흥부처럼 대박을 터뜨릴 수 있으리라는 기대에서 고단한 인생을 견디고 있다. 나는 『흥부전』을 19세기 농촌사회의 실태를 다른 무엇보다 리얼하게 대변하는 사료로서 중시하고 있다. 통설적 이해와 달리 나는 『흥부전』에서 19세기 사회경제의 심각한 위기를 읽는다.[66] 그에 대해서는 언젠가 따로 자세하게 소개할 작정이다. 여기서는 『흥부전』에 투영된 노비제에 관해서만 언급한다.

마음씨 착한 흥부가 제1의 박을 터뜨렸다. 쌀과 돈이 무진

장으로 쏟아져 나왔다. 쌀은 7,700석이고 돈은 77,000냥이다.[67] 그 양은 흥부전의 판본에 따라 다르다. 제2의 박에서는 각종 명품의 비단과 황금, 순은, 인삼, 호피, 원앙금침, 산수 병풍 등의 사치품이 무더기로 쏟아졌다. 제3의 박에는 천여 석의 땅문서와 수백 명의 노비문서가 들어 있었다. 노비의 이름을 차례로 호명하니 300명의 노비들이 나타나 알현하였다. 흥부가 명하기를 "노와 주의 관계가 되었으니 맡은 바 구실을 착실히 거행하라."고 하였다. 노비들은 흥부에게 60여 간의 큰 기와집을 지어주었다.

마음씨 고약한 놀부가 박을 터뜨렸다. 웬 바짝 마른 정신만 걸린 양반이 튀어나와 호령하였다. "이놈, 이놈, 놀부야. 네 할아비 떨꺽이와 네 할미 괴단이와 네 아비 심술이며 네 어미 월덕이가 다 내 종이로다. 도망한 지 수십 년에 한 푼 공을 아니 바치니 네 죄는 죽여도 아깝지 않다. 공돈 1천 냥을 들이고 술상이나 어서 차려라." 그러고선 종들을 시켜 놀부를 엎치고 매를 치니 놀부가 질색을 하여 1천 냥을 상납하였다. 놀부의 옛 주인은 흥부의 공돈 1천 냥까지 놀부에게 거두어 돌아갔다. 뒤이어 놀부가 터뜨린 박에서 어떤 재앙과 오물이 쏟아졌는지는 독자 여러분이 직접 읽어보시길 바란다. 결국 놀부는 패가망신하고 거지 신세가 되고 말았다.

이처럼 『흥부전』의 세상에서 노비제는 여전히 건재하였다. 수백 명의 종은 대박의 한 가지 상징이었다. 가난하고 차별받은 하층 서민은 그들도 언젠가 수백 명의 종을 거느리는 꿈을 꾸었다. 판소리 『흥부전』이 동네 마당에서 울려 퍼지는 장면을 상상해보자. 박에서 나온 양반이 "이놈, 놀부야. 내가 너 할아버지와 아버지의 상전이다. 그간에 밀린 몸값을 내놓아라."고 호령하는 장면에서 원 신분이 천한 하층민은 무언가 뒤가 켕기는 느낌을 받았을 터이다. 그들은 도망쳐 신분을 숨기고 눈물겹게 집안을 일구어온 사람들의 후손이다. 마음 깊숙한 곳에 기민棄民 내지 유민遺民 의식이 서럽게 자리 잡고 있는 그런 사람들이다. 그 일종의 노예 심성은 『흥부전』과 더불어 현대 한국인의 정체성을 구성하는 한 가닥으로 살아 있다. 조선왕조 500년의 노비제가 남긴 역사의 상처는 그렇게나 굵고 깊었다. 내가 누구보다 세종의 업적을 중시하는 것은 바로 그 이유에서이다.

3

세종과 기생제

김치 종

조선왕조의 중앙정부와 지방관아에는 기생妓生이란 천한 신분의 여인이 있었다. 기생은 정부와 관아의 각종 의례와 연회에 불려나가 노래를 부르고 춤을 췄다. 또한 정부와 관아의 명을 받아 관리와 귀한 손님의 침실에 들어 성적 위안을 제공하였다. 이 같은 기생의 역은 기생의 딸에 세습되었다. 어느 국가가 특정 부류의 여인에게 성 접대의 역을 강요하고 세습시킨 예를 세계사의 다른 문명사회에서 찾기는 쉽지 않을 터이다. 이제부터 그에 관해 이야기한다. 그전에 조선의 양반관료가 그가 소유한 비의 신체를, 특히 비의 성을 어떻게 취급

했는지에 대해 살펴둘 필요가 있다. 기생제는 다름 아니라 노비제의 일부분이었기 때문이다.

먼저 앞서 잠시 소개한 오희문의 이야기이다. 1596년 12월 그는 충청도 한산으로 가서 수령의 도움을 받아 오랫동안 신공을 바치지 않고 버틴 비를 잡았다. 그러고선 비의 저고리와 치마를 벗기고 거꾸로 눕힌 다음 발바닥을 60대 쳤다.[1] 이 장면은 오희문의 일기를 읽은 여러 연구자들이 공통의 기억으로 떠올릴 만큼 충격적이다. 거꾸로 눕혀진 비의 반半 나체! 그것은 푸줏간에 걸리거나 널린 개고기나 돼지고기와 다를 바 없었다. 그렇지만 비가 젊고 미색일 경우 비의 성은 주인으로서는 참기 힘든 유혹이었다.

다음은 『고금소총古今笑叢』에 실린 우스개이다. 조금씩 내용을 달리하는 여러 번안이 있는데, 1512년의 『청파극담青坡劇談』에 실린 것이 그 효시이다. 여기서 '김치 종'이란 말이 생겼다.[2] 기생을 끼고 술잔을 돌리며 김치 종 우스개에 낄낄거렸을 양반의 군상을 떠올려보라.

> 어느 집 여종이 아름답기가 그지없었다. 여종의 남편이 날마다 와서 자지 않자 주인집 소년이 맘대로 간통하였다. 오히려 이를 숨기는 자는 여종과 그의 부모였다. 어느 날 밤 소년이

그의 처와 함께 자다가 처가 깊이 잠든 틈을 타서 가만히 행랑으로 나갔다. 그 처가 잠이 깨어 비로소 알고 살금살금 뒤를 밟아서 창틈으로 엿보았다.

여종이 거절하면서 말하길 "서방님은 왜 하필 흰 떡 같은 아가씨를 버리고 구구히 이렇게 하찮은 저에게 오셔서 못살게 구십니까."라고 하였다. 소년이 답하길 "아가씨가 흰 떡과 같다면 너는 김치와 같으니 음식으로 따지면 떡을 먹은 후에 김치를 가히 먹지 않을 수 없는 것이라."고 하였다. 드디어 입을 맞추며 교접을 하니 그 정이 더없이 짙었다. 그리고 돌아가니 그 처는 여전히 누워서 자고 있었다. 소년이 생각하기를 처가 행랑의 일을 보지 못했겠지 하였다.

이튿날 부부가 함께 아버지를 모시고 있을 때였다. 소년이 갑자기 기침이 연거푸 나와 입을 다물고 벽을 향하여 말하길 "요즈음 내가 이 병이 있으니 괴이하구나, 괴이해." 하였다. 그 처가 고개를 숙여 말하길 "그것이야 다른 까닭인가요. 매일 많은 김치를 잡수신 까닭이지요."라고 하였다. 소년의 아버지가 듣고 말하길 "어디서 김치가 났기에 너만 혼자 먹느냐." 하므로 소년이 부끄러워 입을 닫고 곧 밖으로 나가버렸다.[3]

낙동강 푸른 물에

위의 양반가 도령처럼 비의 성을 범하기는 누운 소 타기나 다를 바 없었다. 아예 그런 속담이 있을 정도였다. 비의 남편이 있건 없건 별 상관이 없었다. 비의 남편은 아내의 정조를 보호할 능력이 없었다.

박생朴生이란 서울 양반이 있었다. 추노를 하러 영남에 갔는데 특별히 아름다운 비가 있었다. 박생이 한 번 보고는 데리고 갈 마음을 품었다. 남편과 부모가 몸값을 얼마라도 내겠으니 속량해달라고 백 가지로 애걸하였다. 박생은 끝내 허락하지 않고 데리고 서울로 돌아갔다. 낙동강에 이르렀을 때 비가 뱃머리에서 시 한 수를 읊었다.

> 위엄은 서리 같고 믿음은 산 같은데 威如霜雪信如山
> 가지 않기도 어렵고 가기도 어렵구나 不去爲難去亦難
> 머리 돌려 낙동을 보니 강물은 푸르고 回首洛東江水碧
> 이 몸 위태로운 곳에 이 맘은 편하리라 此身危處此心安

그러고선 강물에 몸을 던졌다. 박생이 비를 강가에 묻고 정신이 빠져 돌아왔다.[4] 이 슬픈 이야기에는 몇 가지 이본이 있다. 비가 투신하기 전에 가슴에 품은 시를 따라온 남편에게 주었다는 이야기도 있다. 비의 남편과 부모가 고약한 주인을 죽이려고 하자 비가 노주지분奴主之分이 중하니 그럴 수 없다면서 말렸다는 이야기도 있다. 비의 고향이 경주라는 설도 있고 선산이란 설도 있다.[5] 낙동강에 가까운 선산이 더 맞는 듯하다.

이 슬픈 이야기는 주인에 대한 비의 충절을 일부 표방하곤 있지만, 본질적으론 주인의 폭력에 맞서는 비의 사랑과 정조를 노래하고 있다. 김치종 우스개엔 낄낄거렸을 양반의 군상도 이 시 앞에선 표정을 가다듬었을 터이다. 비가 금수와 같이 남편을 갈아치운다는 세종을 비롯한 노비주들의 주장은 실은 그들이 비의 성을 자재로 향유하기 위한 구실에 불과하였다.

1552년의 일이다. 곧이어 소개할 양반 이문건李文楗, 1494~1567의 집에서 노 야찰也札이 죽었다. 아내는 비 돌금乭今이었다. 장례 3일 후 돌금이 남편의 묘에서 곡제哭祭를 행하였다. 7일 후에는 무당을 불러 제사를 지냈다. 35일에도 무당을 불렀으니 곧 오칠제이다. 1년이 된 그날 이문건의 일기는 다음과 같이 적고 있다. "죽은 노 야찰의 첫 기일이다. 비 돌금이 곡진히 제사를 드렸다."[6] 죽은 남편을 그리워하며 예를 다하는 비의 모습이다. 비도 여성인 이상 정조는 그 본성이다.

슬픈 향복香卜

이문건은 중종조에서 문과에 급제한 후 벼슬이 정3품의 승지에 달한 고급 양반이다. 조광조趙光祖와 교류한 사림의 명사로서 세인의 존경을 받았다. 그 흔한 첩도 두지 않았으니 생활거지도 조신한 사람이었다. 1545년 집안의 조카가 대역죄인으로 몰려 능지처사를 당하는 비극이 발생하였다. 이문건은 연좌 죄인으로서 경상도 성주로 유배를 당하여 거기서 22년을 살다가 죽었다. 비록 죄인의 몸이지만 고관 출신의 명사로서 그는 성주의 수령과 품관들로부터 극진한 대우를 받았다. 그가 남긴 하루하루의 생활일기는 다수의 노비를 거느린 양반가의 가정생활이 어떠한 모양이었는지를 다른 어느 자료보다 생생하게 전하고 있다.

유배지 성주에서 그의 주거는 상당上堂과 하가下家로 이루어졌다. 문건은 위쪽의 당에서 거주하였고 처와 여러 가솔은 아래 집에서 생활하였다. 문건이 잠을 잘 때는 침실 안팎에서 숙직을 하는 비가 있었다. 흔히들 직비直婢 또는 방직비房直婢라 하였다. 확실치는 않으나 이문건 정도의 고급 관료면 대개 직비를 둔 모양이다. 문건은 향복香卜이라는 직비를 두었다. 한동안 소비小婢라 불렀으니 나이가 어렸다. 하가에 삼월三月이라는 비가 있었는데 향복의 어미이다.

1552년 어느 봄날 문건은 향복을 희롱하다가 끝내 간奸하고 말았다. 문건의 처가 이 일을 알고 온 집안사람들이 알도록 힐난하기를 그치지 않았다. 앞의 김치종 설화의 아가씨와 달리 문건의 처는 성격이 매우 강하였다. 체면을 구긴 58세의 문건은 일기에다 "지난봄에 향복을 희롱한 것은 단지 근심스럽고 괴로운 마음을 잠시라도 잊고자 무릎 위에 앉히고 놀다가 희롱이 지나쳐 무람없는 지경까지 간 것이다. 어찌 정말로 간하려고 그같이 했겠는가."라고 변명하였다.

얼마 뒤에 향복은 다른 남자에게 간을 당하였다. 그 남자는 문건이 데리고 있는 이현배李玄培였다. 현배는 문건의 큰형의 손자이다. 현배의 아버지, 곧 문건의 조카는 역시 연좌 죄인으로 함경도 경흥에서 유배 중이었다. 현배는 연좌에서 풀렸는지 성주의 종조從祖 문건의 집에 머물면서 그로부터 글을 배우고 있었다. 문건이 향복을 간한 후 현배

역시 향복을 간했는데, 관계가 드러날 때는 이미 세 차례나 되었다.

할아버지와 조카 손자가 교대로 범했음에도 불구하고 향복의 대우는 조금도 좋아지지 않았다. 문건은 향복의 조그만 실수도 용납하지 않고 체벌을 가하였다. 청소를 잘못하거나, 그릇을 깨거나, 말투가 불공하거나, 외출했다가 늦거나 등을 빌미로 문건이 향복에 체벌을 가한 횟수는 1552~1556년에 걸쳐 30여 회에 달하였다.

체벌은 보통 종아리를 10대에서 30대까지 회초리로 침이 보통인데, 때로는 귀싸대기나 등을 얻어맞기도 하였다. 어느 날은 향복이 문건의 아끼는 머리빗을 부러뜨려 회초리 30대를 맞았는데, 그날 향복의 어미 삼월은 다른 잘못으로 볼기 40대와 종아리 10대를 맞았다. 같은 날 모녀가 비명을 지르며 같이 매를 맞을 수도 있음이 양반가에 매인 계집종들의 처량한 신세였다.

어느 날 문건이 향복을 매질하였더니 손등에서 피가 났다. 문건은 일기에다 피의 색깔이 청적靑赤이라고 적었다. 다소 주관적일지 몰라도 내가 느끼기에 이 기사의 의미는 각별하다. 노비의 피는 더럽다. 그래서 양반과는 같은 인류가 아니다. 노비의 피는 더럽고 천하여 한 방울이라도 양반의 피에

섞일 수 없다. 조선왕조의 지배층이 어머니와 아버지 어느 한 쪽이 노비면 그 소생은 죄다 노비라는 종천법을 만들어낸 데에는 이 같은 피의 청탁에 기인하는 종성種性 관념이 뿌리 깊게 작용하였다.

항복에 대한 문건의 매질이 멈추는 것은 1556년 항복이 현배의 씨앗을 배고서부터였다. 항복이 딸아이를 출산하는 날 문건의 늙은 처가 옆에서 거들었다. 아무리 계집종이나 족친의 아이를 낳는데 모른 체할 수 없음이 여인의 심정이었다. 그렇지만 현배는 항복이 낳은 아이를 그의 핏줄로 인정하지 않았다. 항복이 출산한 뒤 현배가 항복의 머리채를 잡고 넘어뜨렸는데, 항복이 어딘가에 부딪혀 얼굴이 퉁퉁 붓는 웃지 못 할 사건이 벌어졌다. 자세히는 알 수 없으나 항복이 현배에게 당신의 핏줄이라고 다그치자 현배가 이를 강하게 부정했던 모양이다. 계집종의 정조를 어찌 믿을 수 있단 말인가. 현배의 생각은 필경 그러하였을 터이다. 그렇지만 문건의 일기는 이후에도 항복이 현배의 침실에 들었다고 적고 있다.

그로부터 얼마 있지 않아 1558년 1월 현배가 성주를 떠났다. 물론 항복과 그 아이는 버려졌다. 그때 또 다른 여인이 슬피 눈물을 흘렸는데, 성주 모 품관의 계집종 은향銀香이었다.

그 역시 현배의 성적 파트너였다. 그렇게 서울로 올라간 현배는 진사시를 거쳐 1562년 문과에 급제하였다. 그러고선 문건이 근무한 적이 있는 승문원의 관리로 선발되었다. 1564년 현배는 성주로 와서 몇 달 머물다 귀경하였다. 그때도 향복과 그의 딸은 동행하지 못하였다. 이상이 이문건 가의 계집종 향복의 슬픈 이야기이다.[7]

직비直婢

양반 주인이 계집종의 성을 향유하는 정도는 계집종이 발하는 성적 매력의 정도나 스스로 느끼는 수치심의 크기나 부인이 부리는 질투의 세기에만 제약되었을 뿐이다. 계집종의 성은 주인의 소유나 다를 바 없었다. 그 점은 귀한 손님이 집에 숙박할 경우 주인이 직비를 제공한 사실에서도 확인되고 있다. 직비는 손님이 잘 자는지 살펴야 했고 손님의 요구에 따라 성적 위안도 제공해야 하였다.

1559년 3월 이문건은 성주 경내에 있는 조상의 묘소를 참배한 다음 인근 정 모 씨의 집에서 숙박하였다. 그러자 성주의 좌수 이순안이 그의 비 강지姜之를 문건의 침실에 들여보냈다. 문건은 비가 늙어서 간하지 않았다.[8] 조금 뒤인 1569년의 일이다. 서울의 고급 관료 유희춘柳希春이 조상의 묘에 가토를 하기 위해 전라도 강진에 갔다가 좌수 이사겸의 집에 머물렀다. 좌수가 비 중에서 가장 어리고 예쁜 소예小芮를 유희춘의 잠자리에 들여보냈는데, 희춘이 이를 물리쳤다.[9]

이순신 장군의 『난중일기』에도 비슷한 이야기가 두 차례 나온다. 1596년 9월 이순신은 전라좌수영 관내 광주목을 순시하는 중 목사 최철견과 하루 종일 술을 마시고 그의 별실에 묵었다. 그때 최철견의 딸 귀지貴之가 와서 숙직을 하였다.[10] 별실은 첩의 집을 가리킨다. 귀지는 아마도 비첩의 딸로서 비 신분이었기에 귀한 손님의 침실에 들여보내졌을 것이다. 이보다 6개월 앞서 이순신은 전라좌수사와 대취토록 술을 마신 다음 대청에서 엎어져 잤는데 "개介가 함께 하였다."고 일기에 적었다.[11] 개는 이순신에게 배속된 직비를 뜻하였다.

개의 한자 표기는 犬 또는 狗이다. 그것의 훈독이 언제부터 '개'였는지는 흥미로운 연구거리이다. 나는 고려시대부터가 아닌가 생각한다. 원래 介라는 한자에는 '돕는 사람' 또는 '제2 서열의 인물'이란 뜻이 있다. 예컨대 사신이 파견될 때 정사

正使를 돕는 부사副使를 가리켜 개라고 하였다. 김인존金仁存이란 고려의 관료가 있었다. 사신으로서 중국에 다녀오는 길에 아버지가 죽었다는 소식을 들었다. 김인존은 사신의 직무를 개에게 맡기고 곧장 집으로 가 세인의 빈축을 샀다.[12]

또한 국가의 공식 의례에서 왕의 개는 왕의 술잔을 사신이나 신하에게 전하였다. 지방의 관리도 지나가는 손님에게 음식을 베풀 때 개를 파견하였다. 원래 이러했던 개가 어느덧 고려인의 일상생활에서 견犬 내지 구狗의 이미지로 바뀌고 노비를 지칭하게 되었는데, 그 최초의 용례는 『삼국유사』에서 발견되고 있다.[13]

조선시대의 여러 자료 가운데 개지介知 또는 갯지㕂知라는 노비 이름이 흔하게 발견된다. 모두 개라는 뜻이다. 오희문은 아작개阿作介라는 비를 구입한 다음 눌은개訥隱介로 이름을 바꾸었다. 이문건의 비 가운데 개를 칭하는 비는 모두 12명인데, 거기에도 눌은개가 있었다. 눌은개는 색깔이 누른 개라는 뜻이다. 주인이 비의 이름을 무슨 개로 지은 것은 개처럼 충직하게 주인을 보필하라는 바람에서이다. 그렇게 조선의 양반 주인은 그의 비를 개의 이미지로 감각하였다. 이순신 장군이 대취하여 잘 때 밤새 그를 보살핀 직비를 가리켜 '개'라고 칭한 것은 16세기의 언어 감각에서 조금도 이상한 일이 아니었다.

풍류비風流婢

1553년 어느 봄날 성주에서 유배 중인 이문건은 인근 선산으로 나들이를 하였다. 황참군이란 어느 품관의 집에 들어가니 노래를 하는 풍류비風流婢가 7, 8명이나 있었다. 문건은 그들의 노래가 들을 만하다고 평하였다. 몇 달 뒤 문건은 다시 황참군의 집을 찾았는데, 이번에는 풍류비 4명과 낙동강에서 뱃놀이를 즐겼다. 이처럼 비를 많이 거느린 주인은 그중의 몇 명에게 가무를 익혀 찾아오는 손님을 즐겁게 하는 역을 부여하였다. 그것이 풍류비이다.

비에게 가야금을 익히게 한 주인도 있었다. 전라도 해남의 윤이후尹爾厚, 1636~1699는 1692년 그의 일기에다 "비 숙정淑丁을 가야금을 배우도록 석화石花에게 보냈다."고 적었다.[14] 석화는 가야금에 능한 인근의 비이거나 기생일 터이다. 그 숙정이 홍역으로 죽자 윤이후는 예심禮心이란 어린 비를 선발하여 인근의 목장을 관리하는 감목관監牧官에게 보냈다. 그에게 가야금에 능한 사람이 있었기 때문이다. 윤이후는 20개월 뒤 예심을 찾아왔는데, 여러 곡을 능숙히 연주할 수 있는 상태였다. 이후 윤이후는 손님을 접대할 때나 인근 양반들과 연회를 즐길 때 자주 예심을 불러내 가야금을 연주하게 하였다. 때로는 다른 양반의 청에 따라 예심을 빌려주기도 하였다. 그의 일기에 의하면 해남 일대의 여러 양반가가 가야금에 능한 비를 보유하였다.

이상이 조선의 기생제에 관한 예비적 고찰이다. 불려나가 노래하고 춤추고 성적 위안을 제공함이 기생의 역이라면 양반가의 비들도 마찬가지 처지였다. 두 천인 사이에 본질적 차이는 없었다. 실제 기생의 신분은 관에 소속된 비였다. 관비官婢의 일부로서 노래하고 춤추고 성 접대를 하도록 선발된 것이 기생이다. 한국사에서 기생제와 노비제는 같은 길을 걸었다. 이제부터 그에 대해 살피도록 하자.

기생의 기원

기생에 관한 최초의 기사는 994년의 것이다. 이해에 고려가 중국 요의 황제에게 기악妓樂을 바쳤는데, 황제가 이를 물리쳤다.[15] 1031년에도 같은 일이 있었다. 이로부터 기생의 존재는 고려왕조 초기부터였음을 알 수 있다. 이능화李能和는 6세기 신라에서 성립한 원화源花에 그 기원이 있다고 하였다. 576년 신라는 관리를 선발하기 위해 여러 사람을 함께 놀게 한 다음 행실을 관찰했는데, 그때 2명의 원화가 300여 명의 여인을 거느리고 함께 놀도록 한 것이 기생의 기원이라는 것이다.[16] 이능화의 주장이 과연 옳은지는 자료의 부족으로 판단하기 힘들다.

고려왕조는 교방教坊이란 관청을 두어 기악을 관장케 하였다. 1009년 교방을 폐지한 적이 있으나 이내 복구한 듯하다. 1073년 초파일의 연등회에 교방의 여제자 진경進卿 등 13명이 가무 「답사행踏沙行」을 연주하였다. 진경 등 13명은 교방 소속으로서 전국 수백 명의 기생 가운데 최고 수준의 예능을 자랑한 기생이었다고 짐작된다. 1116년 궁중에서 대나례大儺禮가 행해졌다. 대나례는 섣달그믐 전날 밤에 잡귀를 몰아내기 위해 행하는 국가의 공적 의식이다. 그때 광대와 잡기雜伎와 지방의 기생에 이르기까지 부름을 받지 못한 이가 없었는데, 그 수가 400명에 달하였다.[17]

'지방의 기생'이라 했듯이 고려의 지방 주군州郡에는 기생이 있었다. 그 주군의 기생이 개경으로 뽑혀 온 것이 교방의 기생이었다. 1279년 충렬왕은 주군의 창기로서 미색과 예능이 있는 자를 선발하여 교방에 채우라고 명하였다.[18] 나는 이런 일은 예부터 있었으며 이때가 처음은 아니라고 생각한다. 뒤에서 언급되지만 충렬왕은 기악에 탐닉하였다. 아마도 그는 교방의 기생을 확충할 목적에서 그런 명을 내렸을 것이다.

주군의 기생과 관련해서는 고려의 문인들이 남긴 시문과 잡화를 참고할 수 있다. 이인로李仁老가 지은 『파한집破閑集』의 이야기이다. 임춘林椿이란 문객이 유람 차 성산군을 찾았다. 군수가 그의 명성을 듣고 한 기생을 보내 잠자리 시중을 들게 했는데, 밤이 되자 기생이 도망쳐버렸다. 임춘이 슬퍼하며 시를 짓기를 "장관의 엄한 호령은 무서워하지 않고, 길 가던 나그네와의 악연만 헐뜯는구나."라고 하였다. 남쪽 지방의 어느 군수는 어느 기생에 깊이 혹하였다. 임기가 다하여 돌아갈 때 "내가 가고 나면 곧 남의 소유가 되리라."고 하면서 촛불로 여인의 두 볼을 지졌다. 이 같은 이야기는 고려 기생의 고달픈 신세를 전하고 있다.

최자崔滋가 지은 『보한집補閑集』에는 다음과 같은 기담이 실려 있다. 이인보李仁甫라는 관리가 공무로 경주도에 갔다가 부석사에서 묵었다. 어느 미색의 여인이 나타나 절을 올리기에 근방의 수령이 보낸 기생인가 여겼다. 이인보는 여인과 사흘간이나 깊은 정교를 나누었는데, 정체를 알고 보니 귀신이었다.

나는 이 설화에 기생에 대한 고려인의 관념이 담겨 있다고 생각한다. 다시 말해 고려인에게 기생은 현세와 명계冥界를 연결하는 무속巫俗과 연관이 있는 존재였다. 흔히들 제정일치祭政一致 시대에 무창巫娼에 종사한 여인이 국가시대의 여악女樂과 관기官妓의 원류를 이룬다고 이야기되고 있다.[19] 그 점에서 기생의 기원이 6세기 신라의 원화에 있다는 이능화의 주장은 가볍게 들을 것만도 아니다.

1299년 충렬왕은 여러 도에 사람을 보내 미색과 예능이 있는 기생을 선발하고 가무에 능한 개경의 무당을 더하여 비단 옷을 입히고 말총 모자를 씌워 한 부대를 만든 다음 남장男粧이라 불렀다.[20] 신라의 화랑花郞을 흉내 낸 것이다.[21] 그 남장이 부른 노래가 남녀상열의 「삼장사三藏寺」이다. 이 같은 충렬왕의 행동거지도 고려의 기악이 신라 이래의 무속과 깊은 연관을 지님을 시사하고 있다.

고려 기생의 신분

고려의 기생은 유녀적遊女籍 또는 악적樂籍으로 불린 호적에 등록되었다. 거기에는 가야금을 타고 피리를 부는 악공도 등록되었다. 고려인들은 직능에 따라 호적을 달리하였다. 개경에 집주한 왕족, 양반, 중앙군 등 지배공동체의 성원을 가리켜 국인國人이라 하였다.

국인은 각각의 직능에 따라 상이한 호적에 등록되었는데, 그것을 통틀어 경적京籍이라 하였다. 향인鄕人, 곧 농촌 주민이 경적으로 소속을 옮겨 국인이 되기는 힘든 일이었다. 향인은 일정 규모의 토지를 함께 파악한 호적에 등록되었는데, 주첩柱貼이라 하였다.

국인이나 향인이나 호적으로의 등록은 친족공동체를 단위로 하였다. 앞서 고려시대는 공동체사회라고 설명하였다. 이는 고려왕조가 친족공동체를 호적에 등록시키고 그것을 지배의 단위로 삼았기 때문이다. 그것이 앞서 설명한 정호丁戶이다. 정호에 부여된 직능은 구성원에 의해 공동으로 수행되고 공동으로 세습되었다. 여러 가지 불명한 점이 많지만, 고려 기생의 사회적 처지를 이해하기 위해서는 이 같은 고려의 사회구조를 전제할 필요가 있다.

기생은 비록 그 직능으로 인해 천시되긴 했지만, 제도적으로 천인은 아니었다. 기생과 노비는 그 사회적 신분에서 달랐다. 기생이 낳은 자식이 관료가 되어 출세하는 데에는 제약이 없었다. 1203년 무신집권기의 일이다. 집권자 최충헌崔忠獻이 기생의 자식은 7품 이상의 관리에 임명될 수 없다는 법을 만들었다.[22] 그러니까 그 이전에는 아무런 제약이 없었던 셈이다. 최충헌이 그런 법을 만든 것은 기생에 대한 비천 관념의 출발이 그 언저리부터였음을 시사하고 있다.

그럼에도 최충헌은 자운선紫雲仙이란 유명한 기생을 첩으로 두었다. 최충헌의 아들 최우崔瑀 역시 기생을 첩으로 두었는데, 그 사이에 난 최항崔沆을 자신의 후계자로 삼았다. 충렬왕은 봉지련鳳池蓮이란 기생을 총애하여 곁에 두었는데, 봉지련이 출신지 홍안부의 인사를 좌우할 정도였다.

고려 말기가 되면 국왕을 위시한 지배층이 기생과 난잡하게 어울린 일들이 역사책에 자주 등장하고 있다. 조선왕조의 역사가들이 고려왕조를 폄훼할 의도에서 그렇게 썼을 수 있다. 그 점을 감안하더라도 기생의 사회적 처지는 비교적 자유로웠음이 분명하다. 예컨대 우왕은 자신이 총애한 칠점선七點仙이란 기생을 옹주라는 귀족 신분에 봉하였다. 이 같은 분위기는 조선왕조 초기까지 이어졌다. 태조의 제8자 의안대군은 악적에 매인 관기 출신의 매화梅花를 첩으로 두었는데, 매화 역시 옹주의 작호를 받았다.

고려 말기 1390년 귀족과 관료의 토지를 재분배하는 개혁이 단행되었다. 그때 토지를 분배받은 사람들 가운데 기생의 자식도 포함되었다. 13년 뒤 조선왕조 태종 3년에 밝혀진 바에 따르면 기생, 무격巫覡, 승니僧尼의 자손 17명이 690결이라는 적지 않은 토지를 분배받았다.[23] 기생에 대한 비천관이 깊어진 고려 말기가 이러했으니 시대를 거슬러 오르면 그런 일은 비일비재했다고 여겨진다.

신분의 세습도 같은 관점에서 이해할 수 있다. 조선왕조에서와 같이 기생이 그의 신분을 딸에게 물리는 일은 고려시대와 무관하였다. 고려 기생의 신분 세습과 관련하여 유일하게 찾아지는 기록은 1413년 조선왕조 초기의 것이다. 그에 의하면 고려의 기생은 금척琴尺의 딸, 곧 가야금을 켜는 악공의 딸이었다.[24]

앞서 소개한 대로 고려의 기생은 악공과 한 무리를 지어 악적에 등록되었다. 기생과 악공은 많은 경우 친족 관계였다. 그 집단에는 무당이나 승려와 같은 부류도 끼였다. 자세히 소개하지는 않겠지만, 여러 사건에서 고려의 기생과 사원은 깊은 연관을 맺었다. 다시 말해 기생, 악공, 무당, 승려 등은 악적에 등록된 하나의 집단으로서 공동으로 1명의 기생을 배출해왔던 것이다.

기생을 둘러싼 일종의 종교적 분위기는 왕조가 교체되고서도 한동안 마찬가지였다. 1413년 태종이 유성으로 거둥하였다. 그때 궁중에 두어진 최고 신분의 상기上妓 8명이 동행하였다. 그들은 태종의 명을 받아 매일 새벽에 명산대천에 제사를 올렸다.[25] 군왕이 기생의 매개를 받아 선계仙界와 교통한 셈인데, 이런 일은 그 유래가 깊다고 생각한다. 민간에서도 마찬가지였다. 무당이 병을 고치는 굿을 행할 때 기생이 참석하여 노래를 부르곤 하였다.

비천卑賤 관념의 심화

전술한 대로 조선의 양반사회는 기자의 8조금법에 기대어 노비제의 도덕적 정당성을 주장하였다. 마찬가지로 그들은 또 하나의 신화를 개발하여 기생제를 정당화하였다. 다름 아니라 기생은 양수척楊水尺의 집단에서 나왔다는 이야기이다. 양수척은 고려왕조의 호적에 등록되지 않은 채 이리저리 이동하면서 사냥을 하거나 버들고리짝을 만들어 파는 것을 생업으로 하는 천한 부류였다.

무신집권기의 일이다. 집권자 이의민의 아들 지영이 양수척의 무리를 그의 첩인 기생 자운선에 배속시킨 다음 공물을 걷게 하였다. 자운선은 뒤에 최충헌의 첩이 되었다. 자운선이 양수척으로부터 공물을 거둠에 있어서 지나치게 가혹하였다. 그랬더니 1216년 거란이 고려를 침공할 때 양수척이 반란을 일으켜 거란군의 길 안내를 맡았다. 최충헌이 이를 알고 자운선을 그의 고향으로 내쫓았다.

조선왕조 세종조의 학자들은 『고려사』를 편찬하면서 이 사건의 말미에 "대저 기생의 종류가 이들 양수척에서부터 나왔다."는 해설을 달았다.[26] 그것은 사실이 아니다. 기생과 양수척이 대립한 사건에서 도출 가능한 논리가 아닐뿐더러, 앞서 소개한 대로 기생의 존재는 이미 10세기부터 확인되기 때문이다.

오히려 그 같은 『고려사』의 기술은 조선왕조 세종조에 이르러 기생에 대한 비천 관념이 크게 깊어진 상태임을 전하고 있다. 세종 17년 『왕조실록』의 어느 기사는 창기를 두고 '천하의 천인'이라고 하였다.[27] 뒤이어 세조는 자주 종친들에게 기생과의 접촉을 경계하라면서 "기생은 인류가 아니다."라고 하였다.[28]

기생에 대한 도덕적 공격은 고려 말기의 유명한 성리학자 정몽주鄭夢周로부터 시작되었다. 그는 창기를 아내로 삼은 자는 장 80에 처하고 강제로 이혼을 시켜야 한다고 주장했는데, 공양왕이 그 말을 아름답게 여겼다고 한다.[29] 앞서 소개한 대로 1390년 토지를 재분배하는 개혁에 있어서 기생의 자식도 토지를 받았다. 1403년 사간원이 이를 지적하면서 앞으로는 기생의 자식에게 토지를 분배해서는 안 된다고 주장하였다. 그 역시 기생에 대한 성리학자들의 거듭된 공격의 일환이었다. 태종은 사간원의 건의를 묵살하였다.

1410년 태종은 서울과 지방의 창기를 해방시키라는 명을 내렸다. 조정의 대소 관료들이 모두 이에 찬성했으나 공신 하륜河崙이 홀로 강하게 반대하여 끝내 실행되지 못하였다. 한 판의 소란으로 끝난 사건이지만, 기생에 대한 도덕적 공격은 기생제의 폐지로 귀결되어야 마땅하였다. 그렇지만 양반관료들의 기생제 비판은 기생들의 인신적 예속을 심화시키기 위한 의도를 넘지 않았다. 1418년 태종 말년의 일이다. 예조가 건의하기를 교방에 속한 기생이 양인 남자와 결혼하여 낳은 딸을 기생으로 삼아 교방에 소속시키자고 하였다. 태종은 이를 거부하였다. 태종은 교방 기생은 예부터 그러했듯이 지방의 기생을 선발하여 충당하라고 지

시하였다.[30]

이처럼 조선왕조에 들어 기생을 비천시하는 관념이 깊어지는 가운데 기생의 신분을 세습시키자는 논의까지 일었다. 그 논의는 태종에 의해 저지되었다. 전술한 대로 태종은 노비제와 관련하여 비와 양인 남자의 소생을 양인신분으로 돌리는 종량법을 제정하였다. 그는 노비제 봉쇄정책을 취하였다. 태종의 기생제에 대한 입장도 마찬가지였다. 기생이 양인 남자와 낳은 자식은 양인 신분이어야 했다. 그렇지만 세종의 시대를 거치면서 기생의 사회적 처지는 크게 달라졌다.

세종, 기생의 딸을 기생으로 삼다

1419년 세종 1년에 평안감사가 기생제와 관련하여 두 가지를 건의하였다. 하나는 기생으로 인해 관리들의 풍기가 문란하니 관리의 기생 간음을 금하자는 것이다. 그는 한 기생을 여러 관리가 돌아가며 간하는 것은 도덕적으로 있을 수 없는 일이라고 주장하였다. 평안감사의 건의는 여러 신하의 반대에도 불구하고 세종에 의해 채택되었다.[31] 관리의 기생 간음은 아무리 유래가 깊다고 하나 정당화되기 힘들었다. 『대명률』도 관리의 기생 간음을 금하고 처벌하는 규정을 두었다. 이래 조선왕조가 군현의 수령과 관내 기생의 성적 관계를 공인한 적은 없었다. 상황에 따라 그것은 처벌의 대상으로 거론되었다.

다른 하나의 건의는 기생이 모자라니 확충하자는 것이다. 그 가운데 앞선 태종 연간에 걸쳐 무슨 일이 벌어졌는지를 전하는 귀중한 정보가 담겨 있다. 즉 기생은 원래 간척干尺의 무리로서 그 소생이 모두 천역을 면하여 없어졌으며, 지금의 기생은 모두 관비에서 충당된 자라는 것이다.

고려 말기에 양인 신분으로서 천한 역을 담당한 부류를 가리켜 간척이라 하였다. 조선왕조는 간척의 무리를 일정 기간 보충대라는 예비군에 소속시켜 근무케 한 다음 그들의 천역을 면제하였다. 조선왕조에 이르러 이들 간척의 무리는 소멸하였다. 그 과정에서 고려 이래로 기생의 역을 수행해 온 무리도 소멸하였다. 고려의 기생제는 이 언저리에서 일단 종막을 고했다고 보인다. 그 대신 각 군현은 관비로부터 모자라는 기생을 보충하고 있었다. 평안감사는 기생 부족의 대책으로서 각 군현에 거주하는 공노비의 딸이나 원 간척으로서 해방된 악공과 기생의 딸을 선발하여 기생으로 삼자고 건의하였다.

그에 대해 세종이 어떠한 결정을 내렸는지는 분명치 않지만, 이후 역사는 그 같은 방향으로 흘렀다. 우선 각종 비로부터 기생을 보충하거나 그렇게 하자고 했으니 기생은 사실상 비와 동일한 신분으로 간주되었다. 이후 『경국대전』은 교방의 기생은 정원이 230명이며 각 군현의 관비를 3년간 뽑아 올려 충당한다고 규정하였다.[32]

흔히들 기생을 춤추고 노래하고 성 접대를 하는 직업인으로 알지만 그렇지 않다. 조선의 기생은 그러한 역을 국가로부터 강요받은 관비에 다름 아니었다.[33] 또한 원 기생의 딸을 기생으로 삼자고 했으니 기생은 그 신분을 세습하는 것으로 간주되었다. 실제 세종 10년이면 고급 관료의 기첩이라도 그 자녀가 천역을 면치 못하는 현상이 벌어지고 있었다.[34]

이윽고 1431년 1월이면 조선 기생제의 성립과 관련하여 가장 중요한 조치가 내려졌다. 세종은 각 고을의 창기가 낳은 자식은 공사公私의 비가 남편을 자주 갈아치우는 예에 준하여 천인으로 삼자는 형조의 건의를 수락하였다.[35] 여기서 기생의 딸을 기생으로, 기생의 아들을 관노로 삼는 신분 세습의 율이 공식적으로 결정되었다.[36]

뒤이어 1431년 11월 세종은 관비가 양인 남자와 낳은 자식도 그 부계를 인정할 수 없으므로 기생의 예에 준하여 모두 천인으로 돌리자는 건의에 찬성하였다.[37] 그 5개월 뒤에 앞서 소개한 세종의 종모법이 제정되었다. 즉 일반 사가의 비가 양인 남자와 낳은 소생도 그 부계를 인정할 수 없다는 이유에서 모두 노비 신분으로 돌려진 것이다. 이로써 태종의 노비제 봉쇄정책이 크게 허물어지고 양천금혼의 빗장이 풀렸음은 앞서 지적한 그대로이다.

다시 말해 1432년 3월 조선 노비제의 기틀을 놓은 종모법의 성립은 1년 2개월 전 기생을 대상으로 한 종모법의 성립을 그 출발로 하였다. 종래 주의가 소홀했지만, 따지고 보면 조선 기생제야말로 조선 노비제의 중핵을 이루었다.

기녀를 두어 사졸士卒을 접대하라

앞서 나는 고려의 기생이 전국적으로 수백 명이라고 하였다. 고려왕조의 주군은 그 수가 대략 200이었다. 주군마다 악적에 등록되어 기역妓役을 수행하는 호는 두셋 정도가 아니었을까라는 추측에서 그렇게 말하였다. 역사가는 자료의 부족으로 많은 추측을 할 수밖에 없는데, 시간이 흐르다보면 그중의 일부가 다른 역사가의 공감을 받아 공동의 추측으로 발전하거나 혹은 새로운 사료의 등장으로 사실로 입증되기도 한다. 직업으로서 역사가의 보람은 거기에 있다.

어쨌든 한 가지 확실한 것은 조선시대의 기생 수는 이전 고려시대보다 월등하게 많았다는 사실이다. 이미 천역에서 풀린 간척의 딸을 다시 기생으로 잡았을 뿐 아니라 관비로부터도 기생을 보충하였기 때문이다. 그렇게 공급원이 확충되었을 뿐 아니라 보다 중요하게는 기생에 대한 수요가 부쩍 증가하였다.

1436년 세종은 함길도 감사에게 다음과 같은 명을 내렸다.

> 옛날에 변진邊鎭에 창기를 두어 군사의 아내 없는 사람들을 접대하게 했는데, 그 유래가 오래되었다. 지금도 변진과 주군에 또한 관기를 두어 행객을 접대하게 하고 있다. 더구나 도내의 경원·회령·경성 등의 읍은 본국의 큰 진영으로 북쪽 변방에 있다. 수자리 사는 군사들이 집을 멀리 떠나서 추위와 더위를 두 번씩이나 지나므로 일용의 잡다한 일도 또한 어렵다. 기녀를 두어 사졸들을 접대하게 함이 이치에 적합한 일이다.[38]

1432년 세종은 함길도 국경지대에 경성도호부를 설치하였다. 김종서金宗瑞 장군이 여진족을 몰아내고 6진의 설치를 완료하는 것은 1437년이다. 그 와중에 세종은 국경지대의 군사를 위로하고 사기를 진작할 목적에서 위와 같이 기생을 두도록 지시하였다.

창기를 두어 군사를 접대함은 유래가 오랜 일이라는 세종의 언급은 중국 한의 무제武帝가 군영에 창기를 두고 군사를 성적으로 위안케 한 사실을 말한다. 중국사에서 기생제는 그렇게 성립하였다. 그렇지만 중국사에서 기생의 신분은 세습적이지 않았다. 기생은 당대에 풀려날 수 있었으며, 더구나 그 딸에게 신분을 물리지 않았다. 그런 일은 중국사에서 제도나 사실로서 확인되지 않는다.[39] 한 무제의 고사를 빙자했지만, 세종은 중국사에서 볼 수 없는 조선 고유의 세습 신분으로서 기생제를 창출하고 있었다.

세종은 접대의 대상으로서 군사를 지칭했지만, 군사와 관리를 구분하기는 힘들었다. 이후 기생의 설치는 함길도를 넘어 각 도로 확산되었다. 3년 뒤 예조는 평안도 영변부가 거진巨鎭이므로 기생 60명을 두자고 건의하여 세종의 승낙을 받았다.[40] 영변부보다 큰 감영이나 군영이 놓인 곳에서는 기생의 수가 100명을 넘기도 하였다.[41] 한동안 군현에 따라 기생의 설치는 유동적이었다. 관비의 수가 모자랐기 때문이다. 그렇지만 세종조를 거치면서 전국의 330여 군현은 많든 적든 기생을 보유하게 되었는데, 그 총수는 수천 명 내지 1만여 명에 가까웠을 터이다.

앞서 소개했듯이 즉위 초의 세종은 평안감사의 건의를 받아들여 관리의 기생 간음을 금하였다. 그것과 18년 뒤 군사 접대를 위해 기생을 확충한 것은 명백한 모순이다. 그러한 위선이 공연히 자행된 것은 세종의 노비관 내지 기생관과 밀접한 연관이 있었다. 세종은 노비와 기생을 정상적인 인류로 간주하지 않았다. 피가 천하고 성적으로 난잡하여 그 소생의 부계를 인정할 수 없는 금수와 같은 존재였다. 관리의 기생 간음이 비난을 받은 것은 기생의 인권을 위해서가 아니었다. 기생에게 인권 따위는 없었다. 기생의 성은 군사의 사기를 위해서라면 얼마든지 소모되어도 무방한 것이었다.

이후 세종조에 걸쳐 기생제를 폐지하자는 주장이 두어 차례 제기되곤 했지만, 논의에 임한 국왕과 대신은 최소한의 진지함도 보이지 않았다. 관리와 군사에게 성적 위안을 제공하는 기생제는 누구도 그 도덕적 근거를 의심하지 않은 조선 고유의 풍속으로 정착되어갔다.

위안의 실태

성주에서 유배 중인 이문건의 주변에는 기생들의 자취가 끊어지지 않았다. 매해 정초에는 성주의 기생들이 단체로 문건을 찾아와 세배를 올렸다. 문건의 이웃은 늙은 기생이었다. 그 기생은 자주 문건을 찾아와 기담을 들려주거나 한담을 나누었다. 당번이 되어 서울로 올라가는 기생도 있고, 만기가 되어 서울에서 돌아온 기생도 있었다. 잘못을 범하여 서울서 성주로 유배 온 기생도 있었다. 기생들은 남편과 가족이 있었으며, 기생의 친족은 집안일로 문건을 통해 성주 목사에게 청탁을 넣었다.

1551년 1월 새로 뽑힌 기생이 스스로 목숨을 끊었다. 아마도 어느 젊고 예쁜 관비가 기생으로 차출되자 고달픈 인생을 비관하여 목을 맨 모양이다. 기생의 인생을 고달프게 한 것은 끝도 없이 이어지는 주연에 불려나가 노래하고 춤추는 일이었다. 1551년 가을부터 1553년 봄까지 문건이 참석한 주연만 해도 도합 40여 회에 가까웠다. 성주 목사가 빈객을 맞아 또는 관내 품관을 초청하여 행하는 공식의 주연만이 아니었다. 성주에 분포한 전임 관료나 품관도 집안의 사사로운 주연에 기생의 파견을 요청하였다. 문건도 처의 생일을 맞이하여 주연을 베풀었는데, 6명의 기생이 와서 노래하고 춤추었다.

다른 무엇보다 기생의 인생을 고달프게 한 것은 성주를 찾은 빈객의 침실에 들어 그들을 성적으로 위안하는 일이었다. 빈객이 성주에 머무는 기간에 그를 모시는 방직기房直妓가 배정되었다. 귀한 손님일 경우 4~5명이 배정되기도 하였다. 문건도 기생의 위안을 받았다. 문건의 처가 괴산 고향집으로 돌아가 체류한 1년간에 성주의 판관은 문건의 침실에 기생을 들여보냈다. 잦은 주연에서 문건에 전속되어 술을 따르는 종대終代라는 기생이었다.

1552년 10월 문건은 해인사로 나들이하였다. 그날 밤 문건은 성주의 다른 기생과 동침하였다. 동년 11월에는 고령으로 행차했는데, 기생이 같은 방에서 잤지만 병에 걸릴까 저어하여 접촉하지 않았다. 1553년 11월에는 선산의 대둔사로 놀러 갔는데, 기생 향란香蘭과 동침하였다. 너무 용을 썼는지 왼쪽 코에서 피가 흘렀다.

이후 문건의 기생과의 접촉은 많이 소원해지는데, 이미 정력이 쇠한 60세 노인이기 때문이었다. 그에 더하여 늙은 처의 심한 투기와 원망도 기생과의 접촉을 자제하게 만들었다. 해인사에서 성주 기생과 동침한 뒤의 일이다. 처가 이 사실을

[표1] 군관 박취문朴就文의 동침녀

연도	월일	신분	이름	비고
1644년	12월 11일	婢	통진	친족인 좌수댁의 婢
	12월 15일	婢	분이	숙박한 주인집의 婢
	12월 16일	酒湯	춘일	
	12월 22일	酒湯	향환	
	12월 26일	酒湯	도선아	
	12월 30일	妓	현향	
1645년	1월 2일	妓	건리개	
	2월 5일	妓	예제	숙박한 주인집 官奴의 딸
	2월 6일	妓	옥매향	
	2월 11일	妓	옥순	
	2월 13일	婢	율덕	숙박한 주인집의 婢
	2월 14일	賤民	향춘	숙박한 주인집 賤民의 딸
	2월 17일	妓	월매	부 박계숙과 관계한 妓 배종의 딸
	2월 23일	婢	노종	私婢, 박취문의 房直婢
	2월 27일	妓	의향	박취문의 회령 房直妓
	4월 10일	婢	매옥	家婢
	6월 28일	妓	순진	
	윤6월 19일	妓	설매	
	7월 22일	婢	태향	私婢, 박취문의 경성 房直婢
	8월 13일	妓	옥이	
	8월 14일	妓	격향	
	8월 15일	妓	격향	
	10월 21일	妓	옥매	
	10월 23일	婢	애생	私婢
	10월 25일	婢	애생	私婢

출처: 禹仁秀(1997), 「『赴北日記』를 통해 본 17세기 出身軍官의 赴防生活」.
비고: 酒湯은 기생의 별칭이다.

알고 요, 베개, 이불을 칼로 자르고 불태워버렸다. 그러고선 몇 달이고 심하게 병치레를 하였다. 문건은 처를 위로하는 뜻에서 기생 종대와 절연하는 편지를 썼다.

대를 이어 위안하다

이문건과 달리 정력이 왕성한 청·장년의 관리가 처의 간섭을 받지 않은 곳으로 부임하였다 치자. 그들이 관내 기생의 성을 향유함에는 아무런 제약이 없었다. 경상도 울산부의 박취문朴就文, 1617~1690은 할아버지와 아버지가 무과에 급제한 무반 가문의 출신이다. 그 역시 1644년 나이 28세에 무과에 급제하였다. 관례에 따라 그해 12월부터 1646년 4월까지 함경도 회령과 경성으로 올라가 군관으로 근무하였다. 이후 훈련원 부정副正을 거쳐 인동, 갑산, 김해 등지의 수령을 역임한 인물이다.[42] 회령과 경성에서 군관으로 생활한 1년여 기간에 취문은 수많은 여인과 동침하였다. 취문은 독특하게도 그 여인들의 신분과 이름을 일기에 기록하였다.

[표1]은 취문과 동침한 여인들의 내역이다. 시기가 특정 기간에 집중된 것은 취문이 울산에서 회령으로 또는 회령과 경

성의 관내에서 여행하는 도중에 접촉한 여인들이기 때문이다. 여행 도중에 민가나 주점에 숙박하면 주인은 딸이나 계집종을 접대부로 상납하였다. 관아에 숙박하면 관리가 기생을 제공하였다. 근무지 회령에 도착하자 그에게 방직이 배정되었다. 처음 며칠은 기생이 모자라 민간의 비를 방직으로 배정받았는데, 이내 의향義香이란 기생으로 교체되었다. 의향은 취문과 몇 달간 동거하였다. 가까운 곳에 그녀의 어미가 살면서 자주 왕래하였다. 이후 취문이 경성으로 근무지를 옮겼을 때도 기생이 모자라 민간의 비인 과부 태향太香을 방직으로 배정받았다. 태향은 완강하게 거절했으나 그의 어미와 오라비가 관가에 불려가 매를 맞는 통에 할 수 없이 방직비의 역을 수락하였다.

임지 회령에 도착한 날인가 취문은 기생 월매月梅와 동침하였다. 월매는 취문의 아버지 박계숙朴繼叔이 회령부사로 있을 때 그와 관계한 기생 배종裵從의 딸이다. 어느 아버지와 아들이 어느 어머니와 딸로부터 대를 이어 성 접대를 받은 셈이다. 인간사회에서 기이하다면 기이한 이런 일이 벌어진 것은 기생의 신분과 역이 세습되었기 때문이다.

이렇게 세종이 창설한 군사 접대제로서 기생제는 17세기 전반까지 변방 국경지대에서 소기의 역할을 톡톡히 수행하고 있었다. 세종이 의도한 대로 과연 군사의 사기가 진작되었는지는 의심스럽다. 그 얼마 전에 벌어진 청과의 두 차례 전쟁에서 조선왕조의 군대는 별다른 전투력을 보여주지 못하였다.

천산賤産과 천고賤姑

경상도 선산의 노상추盧尙樞, 1746~1829도 무반 가문의 출신이다. 1780년 무과에 급제한 다음 갑산변장, 훈련원주부, 삭주부사, 홍주영장, 가덕첨사를 역임하였다. 그 역시 변방의 관리로 재임한 기간에 수많은 기생과 접촉하였다. 그가 남긴 일기 역시 기생제를 둘러싼 갖가지 생활상을 흥미롭게 전하고 있다. 거기에 묻어 있는 인간관계의 질서, 그것을 규정한 가치관이나 관념은 150년 전 박취문이 함경도 회령과 경성에서 경험한 그것과 별반 다르지 않았다.

1787년 6월 노상추는 함경도 갑산 진동의 변장邊將으로 부임하였다. 이후 2년 6개월의 기간에 그는 16세의 기생을 첩으로 들여 딸까지 낳았다. 서울로 귀임할 때 그는 기첩과 딸을 데려오지 못하였다. 당시 많은 양반관료가 외관에서 얻은 기첩을 서울로 데려왔지만, 그는 그래도 좋을 만한 지위가 못되었다. 6년 뒤 상추가 평안도 삭주부사로 부임하자 그 딸이 갑산에서 천리 길을 멀다 않고 찾아왔다. 그렇게 두 모녀와의 인연은 끊어지지 않고 있었다.

그 딸이 삭주에서 병으로 죽었다. 상추는 딸의 죽음을 두고 비록 '천산賤産'이지만 명민한 아이였다고 애석해하였다.[43] 그렇게 기첩의 딸은 천산이었다. 비록 나의 혈육이지만 천한 피가 섞였기 때문이다. 앞서 조선의 양반관료는 피의 청탁에 기인하는 종성의 관념에서 노비를 천시했다고 하였다. 바로 그것이다. 그에 근거한 신분의식은 아버지와 딸 사이의 더없이 친근한 혈연을 초월하였다.

1793년 11월 삭주부사로 부임한 후의 일이다. 상추는 관할 지역을 순시하다가 박천군에서 춘대선春臺仙이란 조부의 수청기守廳妓를 만났다. 수청기는 방직기의 18세기 표현이다. 당시 그 기생은 82세이지만 정신이 멀쩡하여 59년 전의 일을 온전하게 회고하였다. 상추의 조부 노계정盧啓禎 역시 무반으로서 삭주부사를 지냈다. 노계정은 기생 춘대선과의 사이에 딸을 낳았다. 상추는 그 딸을 가리켜 '천고賤姑', 곧 천한 고모라 하였다. 그녀 역시 기생의 신분이나 당시는 박천의 선달先達 탁창대의 첩이 되어 있었다. 그사이에 계월桂月이란 딸이 있는데 역시 기생이었다. 상추와는 고종사촌의 관계이다. 상

추는 계월의 손을 잡고 감격의 눈물을 흘렸는데, 그 정이 슬프다고 하였다.[44]

이듬해 12월 삭주부사에서 해임된 상추는 3명의 기생과 헤어지면서 "차마 하지 못할 이별이었다."고 일기에 적었다. 인간인 이상 그 혈육의 정을 어찌하겠는가. 그렇지만 어디까지나 천한 신분으로서 그 종성에서 구별되는 혈육이었다. 그러한 신분의식에 짓눌린 가운데 기생의 모계는 비록 반가의 피를 섞었지만 어김없이 기역을 세습하고 있었다.

기생 머리 올리기

1794년 9월 노상추는 무과 취재取才의 감독관으로 인근 영변부로 행차하였다. 영변에 도착한 날 상추는 영변부사, 위원군수, 희천군수, 어천찰방과 밤늦게 기생을 곁들인 주연을 즐겼다. 그날 상추는 홍옥洪玉이란 16세 기생의 머리를 올렸다. 아래가 그에 관한 일기이다.

> 밤에 풍악을 차려 소기少妓 월계月桂와 아기兒妓 홍옥이 마주서서 칼춤을 추었는데, 참으로 아름다운 춤이었다. 월계는 나이

가 18세이고 홍옥은 나이 16세인데, 홍옥은 아직 성인이 되지 않았다. 춤이 끝나자 영매英梅와 일지홍一枝紅 두 기생도 칼춤을 추었다.

춤이 끝나자 위원 수령이 말하기를 "홍옥의 칼춤이 아름답고 사람됨이 사랑스럽습니다. 그가 수령을 모시고 머리를 올려 성인이 되겠다고 하는데, 대개 이름난 기생이 수령 덕에 성인이 되는 것이니 좋은 일입니다. 삭주 영공令公께 청하오니, 좋은 일을 주관하시면 어찌 아름답지 않겠습니까."라고 하였다. 내가 말하기를 "아름답기는 아름다우나 생각지도 않았는데 좋은 일에 투입하려 하시니 어찌 스스로 부끄럽지 않겠습니까."라고 하였다. 위원 수령이 말하기를 "좌우를 돌아보니 앉아 계신 분들의 나이 중 영공이 가장 적으니 어찌 아름답다 하지 않겠습니까."라고 하였다. 내가 웃으면서 말하기를 "오늘 모임 또한 좋은 일인데 어찌 스스로 졸장부가 되는 길로 돌아가겠습니까."라고 하였다.

위원 수령이 이어서 종이 한 장에 2천 동銅이라 쓰고 고을 수령도 2천 동이라 썼으며 희천 수령은 1천 동이라 썼다. 나도 2천 동이라 써서 내려주고 그대로 홍옥의 어미 차설매次雪梅를 불러들여 즉석에서 가체加髢하고 또 기생 월계와 마주하여 춤추게 하였다. 밤 3경에 음악을 거두고 모두 하처로 물러

나왔다.

차설매가 홍옥을 데리고 와서 알현하고 한참 동안 술을 주고받았는데, 차설매는 지금 나이가 35세이다. 기생 차설매가 인사하고 물러나자 홍옥이 수청하였다. 이것을 두고 이른바 장부의 풍도風度는 융통성 없이 지킬 수 없다고 하는 것이니, 스스로 우스울 뿐이다.[45]

자세히 기록된 대로 기생의 머리를 올리는 값은 7천 동銅이었다. 이를 네 고을의 수령이 분담했는데, 일기가 아니면 알 수 없는 18세기 말 변방 관료사회의 풍속이다. 동은 엽전 1매로서 1분分을 가리킨다. 10분이 1전錢이고 10전이 1량兩이니, 7천 동이라 함은 70량이다. 당시의 시세로 쌀 14섬인데, 오늘날의 시세로는 쌀 7가마니로서 대략 140만 원에 해당한다. 그 정도가 당시 처녀 기생이 제공하는 하룻밤 성 접대의 대가였다.

나흘 뒤 공무를 마친 상추는 영변을 떠났다. 그날 기생 차설매와 딸 홍옥이 말머리에서 하직 인사를 올렸다. 48세의 상추는 약간의 애틋한 연정을 느꼈다. 그날 상추는 다음과 같이 일기에 적었다. "장부가 색에 뜻을 두지 않는다고 한 것은 헛소리이다." 평안도 영변부는 1438년 군사를 접대할 목적에서 세종의 허락을 받아 기생 60명을 설치한 고을이다. 노상추의 일기는 그 군사 접대제가 때때로 장부의 풍도를 무너뜨리면서 18세기 말까지 건재했음을 생생하게 전하고 있다.

음녀淫女 속공屬公

17세기 이래 노비제가 이완 내지 해체되는 추세에 발맞추어 기생제도 조금씩 허물어졌다. 1623년 중앙정부의 공식 의례와 연회에서 행해져온 기생의 춤과 노래가 폐지되었다.[46] 그에 따라 지방 군현으로부터 관기 230명을 서울로 올려 보내 3년간 근무케 한 경기京妓 제도가 사라졌다. 다만 대비나 왕비를 위로하기 위한 왕실의 내연內宴에서는 여전히 기생의 춤과 음악이 베풀어졌다. 그때는 군현의 관기가 선발되어 서울로 갔다가 돌아왔는데, 그 정수는 52명으로 한정되었다.[47] 그렇게 지방의 관기가 순번에 따라 경기로 복무하는 인신지배체제가 크게 완화되었다.

기생의 처지 개선에 도움이 된 다른 한 가지는 공노비의 대구속신제代口贖身制였다. 기생이 세습적 기역에서 해방될 수 있는 길은 이전에도 열려 있었다. 운 좋게도 왕족이나 2품 이상 고급 관료의 첩으로 택함을 받아 오랫동안 함께 사는 길이었다. 바깥출입을 함부로 해서는 안 되었다. 그럴 경우 왕족이나 고급 관료는 자기의 비를 대구代口로 제공함으로써 첩의 신분을 해방시킬 수 있었다.[48]

현실과 법 사이에는 괴리가 있었다. 군현의 수령이나 병영의 무관으로 나간 하찮은 품계의 관리조차 대구를 내지 않은 채 기생을 첩으로 데리고 귀임하였다. 그로 인해 군현과 병영의 관비가 점점 줄어드는 폐단이 발생하였다. 중앙정부는 이들 기첩을 적발하여 원거지로 돌려보내는 조치를 끊임없이 되풀이하였다. 마음씨 고약한 자는 이를 핑계로 데리고 산 기첩을 버리기도 하였다.

1744년에 반포된 『속대전』은 공노비의 대구속신제를 공식화였다.[49] 그에 따라 중앙정부나 지방관아에 속한 노비는 자신과 동일한 나이의 사노비를 대구로 제공한 다음 노비 신분에서 해방될 수 있었다. 기생도 관비의 신분이므로 그러한 기회를 누릴 수 있었다. 전술한 대로 17세기 말부터 노비의 가격이 크게 하락하였다. 약간이라도 재력이 있는 기생은 대구를 구입하여 관에 제공한 다음 세습적 기역에서 벗어날 수 있었다. 기첩을 데리고 살 수 있는 관료의 지위도 더 이상 물어지지 않았다. 이 길을 통해서 적지 않은 기생이 신분 해방의 행운을 누렸다.

그렇지만 좋은 일에는 부작용이 따르기 마련이다. 음녀淫女 속공屬公이 바로 그것이다. 그에 대해 정약용丁若鏞은 다음과 같이 설명하였다. 근래에 군현의 수령이 백성이 아내를 빼앗겼다고 호소하면 그 아내를 잡아서 남편이 다시 결합하기를 원하는데도 음녀라는 이유로 관비로 속공하고, 심지어 관비와 기생이 대구 속신할 목적에서 마을에서 간통하는 여자를 밀고하여 관비로 속공케 하는 일이 발생하고 있는데, 이는 어느 법전에도 해당 규정이 없는 완전한 불법이며, 대개 수령이 예쁜 기생을 하나씩 첩으로 데려가 기생의 수가 날로 줄어 이러한 폐단이 벌어지고 있다는 것이다.[50]

아무렴 그렇게 말도 안 되는 일이 벌어졌겠는가 싶지만 정약용의 설명은 그대로 사실이었다. 1750년 전라도 감영은 소속 관노비를 등록한 장부를 작성하였다. 그 장부는 지난 70~80년간 얼마나 많은 관노비가 노비제 해체의 추세에 따라 사라졌는지를 잘 보여주는데, 그에 대해서는 언급하지 않겠다. 1750년 현존하는 관노비는 노 41명, 기생 26명, 비 16명, 그리고 기생과 비의 소생 21명이었다. 많은 관비가 사라졌지만 새로 생긴 관비도 있었다. 다름 아니라 위와 같은 음녀 속공을 통해서인데, 11명이나 되었다. 그중의 6명이 현

존하는 관비 16명의 무리에 속하였다.[51]

1786년 전라도 감영은 다시 관노비의 장부를 작성하였다. 그에 의하면 1750년 이후 음녀로서 속공된 여인은 14명이었다. 그중의 2명은 기생과 관비의 고발로 속공된 여인인데, 억울함을 참지 못했는지 소송을 제기하여 판결이 엎치락뒤치락하고 있었다.[52]

19세기의 기생제

앞서 지적한 대로 노비의 인권을 개선하자는 주장이 있긴 했지만, 노비제의 완전 철폐를 주장하는 개혁적인 철학자는 단 1명도 없었다. 기생제도 마찬가지이다. 1894년의 갑오경장까지 그 윤리적 근거를 공격하면서 기생제의 철폐를 주장한 어떠한 정치가나 지식인도 등장하지 않았다. 조선의 양반관료는 고대 중국의 황제가 군사의 위안을 위해 창기를 설치한 고사에 의지하거나, 기생의 조상이 고려왕조에 반역한 양수척이라는 신화에 근거하여 기생의 존재를 정당화하였다.

기생이 필요악이라는 주장도 있었다. 집안을 깨끗이 청소하기 위해서는 오물을 버리는 하수구가 필요하듯이 사회윤리의 정화를 위해서는 어쩔 수 없는 욕망의 배설구가 필요하다는 논리였다.[53] 나는 그 같은 기능주의적 설명에 이의를 달 생각이 없다. 나의 의문은 그 욕망의 하수구 역할을 맡은 여인들이 어찌해서 그 신분과 역을 대대로 세습하지 않으면 안 되었던가라는 점이다.

나는 기생의 머리를 올린 다음 "장부가 색에 뜻을 두지 않는다고 한 것은 헛소리이다."라고 한 노상추의 말에 공감한다. 인간은 누구나, 특히 남자는, 성욕에 관한 한 위선적인 존재이다. 노상추의 진솔한 고백은 더 깊은 상념을 불러일으킨다. 그는 장부를 자처하였다. 장부란 무엇인가. 성인의 학문을 공부하여 과거에 급제한 다음, 임금에 충성을 다하고, 백성을 이롭게 하는 것이 장부의 길이다. 조선왕조는 그렇게 뜻을 이룬 장부에게 성 접대의 역을 진 여인들을 제공하였다. 그럴진대 장부의 길을 걷는 것과 기생의 성을 향유하는 것은 모순이 아니었다. 누구도 그것을 위선이라 하지 않았다. 그렇지만 인간의 깊은 내면에는 양심이라 해도 좋을 그 무엇인가가 있다. 가냘픈 여인의 성을 아무렇게나 누리는 것은 아무리 임금의 이름으로 선포된 국가질서라 해도 윤리적으로 정당하지 않았다. 노상추는 그 깊은 내면의 수치를 그의 일기에다

출처: 아손 그렙스트 저, 김상열 역(2005), 『스웨덴 기자 아손, 100년 전 한국을 걷다』, 책과함께, 230, 233쪽

[자료4] **얼굴이 알려진 최초의 기생**

스웨덴 기자 아손 그렙스터가 1904년 서울에서 찍은 사진이다.

토로했던 것이다.

나는 조선왕조는 기생제로 인해 위선의 체제로 영위되었다고 생각한다. 18세기 이르러 그 위선은 보다 뻔뻔해졌다. 기생이 소멸해가자 지방의 공권력은 음행을 빌미로 여염의 양녀를 관비나 기생으로 속공하였다. 심지어 남편이 아내를 돌려주길 바라는데도 그런 짓을 하였다. 기존의 관비와 기생은 신분 해방의 처절한 염원에서 자신의 불행을 대신할 여인을 찾아 나섰다. 그들은 음행을 저지른 여인을 고발하여 속공케 한 다음, 그 공로로 지긋지긋한 천역에서 풀려났다. 공권력이 법외의 폭력으로 자행되자 사회는 인간들이 서로를 물어뜯는 아수라阿修羅로 분열하고 있었다.

1860년대에 김정호金正浩가 편찬한 『대동지지大東地志』로부터 기생제의 실태에 관해 약간의 정보를 구할 수 있다. 전라도 감영에 속한 기생은 34명이었다. 나주는 22명, 순천은 26명, 영광은 23명, 남원은 15명이다. 부나 목과 같은 큰 고을의 형편은 대개 이러하였다. 반면 바닷가의 작은 고을인 진도에서 기생은 4명에 불과하였다. 다른 도나 군현의 형편도 대개 마찬가지였다.

1853년 강원도 감영에 속한 기생은 22명으로서 전라도 감영보다 작았다. 그중의 8명은 소송을 제기하여 기역에서 빠졌다. 아마도 기생으로 잘못 속공된 억울함을 호소함에 성공하였던 모양이다. 강원도 감영은 그 대안으로 예하 8개 군으로부터 기생 1명씩을 뽑아 올렸다.[54] 그렇게 양반사회의 기생에 대한 수요는 조금도 식지 않았다.

당시 강릉에는 홍연紅蓮이란 기생이 있었다. 그 색태와 예능이 출중하여 당대 제일의 명기로 꼽혔다. 그로 인해 자주 왕실의 내연에 호출되었다. 그녀는 원래 경기도 여주의 양갓집 딸이었다. 1842년 서울에 왔다가 남의 꾐에 빠져 기생이 되고 말았다. 그러고선 강릉의 관기로 배속되었으니, 필경 음녀 속공이라는 국가 폭력과 그에 동반하는 민간 사기의 희생이었을 터이다. 여인은 사랑하는 남자와 평생 해로를 기약했으나 끝내 이루지 못하였다.[55] 기생 신분으로 이리저리 불려 다니는 신세였기 때문이다.

뒤이은 고종 연간의 일이다. 경기 제도가 사실상 부활하고 있었다. 중앙정부의 각 부서가 전속의 기생을 두기 시작하였다. 집권자 대원군은 전국 제일의 명기들을 선발하여 그의 운현궁에 전속시키고 다른 양반관료의 사용을 금하였다.[56] 기생의 춤과 노래와 성적 위안은 여전히 성공한 장부의 위세를 상징하였다.

가당찮게도 대원군은 기생의 머리 올리는 값을 공개적으로 정했는데, 120냥이었다. 1794년 노상추가 영변 기생의 머리를 올리고 지불한 70냥에 비하면 박한 수준이다. 그 사이 물가가 2배가량 올랐기 때문이다.[57] 최고 집권자의 기생에 대한 선심이 70년 전 변방 수령의 그것보다 못하였다. 오랫동안 닫혀 온 나라 경제에 위기가 찾아온 즈음이었다. 그와 더불어 최고 장부의 풍도는 더없이 초라해져 있었다.

춘향의 꿈

기생제의 역사를 마무리하는 이 언저리에서 소설 또는 판소리 『춘향전』에 관해 한마디 하지 않을 수 없다. 그 역시 『흥부전』과 함께 한국인의 가장 사랑받는 고전이다. 『흥부전』과 달리 『춘향전』은 꽤나 짙은 사실성으로 독자나 청자로 하여금 춘향의 사랑과 성취가 실제로 있었던 일인 양 느끼게 한다. 그렇지만 역사학자 정연식은 『춘향전』을 두고 "가공된 현실에 투영된 꿈"이라 하였다.[58]

『춘향전』의 판본은 알려진 것만 해도 100여 종이 넘는다. 1754년에 쓰인 최초의 판본에서 춘향은 15세의 기생으로 나온다. 이 도령의 호출에 순순히 응하여 집으로 모신 다음 술과 음식을 대접한다. 이 도령이 서울로 돌아갈 때도 그간의 베풂에 감사를 표하며 담담하게 보낸다. 19세기 후반의 『춘향전』에서 춘향의 모습은 이와 다르다. 춘향은 양반 성成 참판의 서녀이거나 대구속신하여 더 이상 기생이 아닌 여염의 처녀로 나온다. 이 도령이 서울로 돌아갈 때는 발악을 하며 신표를 요구한다. 이처럼 『춘향전』의 여러 판본은 시대와 함께 변해온 기생제의 역사를 충실히 대변하고 있다.

그럼에도 정연식이 『춘향전』을 '가공된 현실'이라 한 것은 이미 속신한 기생에게 신관 사또가 수청을 강요하거나, 춘향이 거절하니 형벌을 가하고 심지어 사형까지 하려들거나, 이 도령이 과거에 급제한 뒤 곧바로 암행어사에 임명되거나, 임금이 춘향에게 있지도 않은 품인 정절부인貞節夫人을 내리거나 하는 일이 현실과 아주 동떨어진다는 이유에서이다.

그럼에도 19세기의 한국인들은 그 가공의 현실에 자신의 꿈을 투영하고 환호하였다. 그 꿈이란 대체 무엇이었던가. 연구자들은 흔히들 하층 서민의 "신분 해방 욕구" 또는 "탐관오리에 대한 저항"을 지적해왔다. 과연 그럴까. 19세기 후반에 채집된 신재효본과 장자백본 『춘향전』에 대한 나의 독후감은 다음과 같다.[59]

이 도령이 밤중에 춘향의 집을 찾았다. 춘향 어미가 신세

한탄하기를 춘향이 무슨 죄로 창가娼家의 딸로 태어나 저렇게 예쁘고 재주가 있는데도 가문과 문장과 풍채가 있는 신랑을 맞을 수 없는 처지라고 하였다. 그랬더니 춘향이 말하기를 나는 양반가의 처녀로 태어나지 않은 것을 오히려 다행으로 생각한다, 그랬으면 사주로 선을 보고 얼굴도 모르는 서방한테 시집을 가야 하니 오죽 원통치 않은가, 나는 창가의 딸로서 내 눈에 드는 사람을 골라 시집갈 터인데, 상놈의 아내는 아무래도 싫고 사대부 댁의 첩이라도 좋으니, 소년 급제한 다음 수령 방백을 거쳐 8도 감사를 거쳐 6판서와 3정승을 거칠 양반 신랑을 고르겠다고 다짐한다. 그러고선 이 도령과 연분을 맺는다.

뒤이어 춘향과 이 도령이 사랑을 나누는 장면은 한국인이면 모를 사람이 없다. 두 청춘 남녀는 벌거벗고 서로 업어주기를 한다. 춘향이 이 도령을 업는 판소리의 가장 흥겨운 대목은 다음과 같다.

> 둥둥 좋을씨고 부열傅說이를 업은 듯 여상呂尙이를 업은 듯 흉중대략胸中大略을 품었으니, 명만일국名滿一國 재상되어 주석지신柱石之臣 보국충신輔國忠臣 다 모두 헤아리니 (중략) 둥둥둥둥 어둥둥 좋을씨고, 진사급제進士及第 대臺 바쳐 직부주서直赴注書

> **한림학사**翰林學士 **외방이력**外方履歷 **든 연후에 우부승지**右副承旨 **좌부승지**左副承旨 **도승지**都承旨**로 당상하여 팔도감사**八道監司**를 업은 듯, 육조판서**六曹判書 **삼정승**三政丞 **보국대신**輔國大臣**을 업은 듯, 내삼천**內三千 **외팔백**外八百 **주석지신**柱石之臣 **내 서방이지, 암먼 그렇지, 이리 보아도 내 서방, 저리 보아도 내 서방, 둥둥둥둥 어허둥둥 내 서방.**[60]

이처럼 춘향이 업은 것은 소년 급제한 후 보국대신으로 크게 출세할 양반신분이었다. 그 양반은 당연히 서울 사는 양반이었다. 춘향은 서울 살기를 꿈꾸었다. 그 점은 춘향이 이 도령이 서울로 돌아가게 되었다고 하자 자기도 당연히 따라가는 줄 알고 "내 평생소원이 한양 살기 원이더니 이제야 맞췄으니 한양 구경 어서 가자."고 노래한 데서 잘 드러나 있다.

이 같은 춘향의 꿈은 일부종사一夫從事의 절개를 지키다가 갖은 고초로 겪은 뒤 드디어 해피엔딩으로 끝나는 판소리의 마지막 절에서 다시 한 번 확인된다. 춘향은 춤추며 "이윤인가 부열인가 재상되니 좋을씨고."라고 노래하였다. 춘향의 어미는 "남원부중 사람들아, 아들 낳기 힘쓰지 말고 춘향 같은 딸을 낳아 서울사람이 얼른 하거든 땅군이라도 모두 주소."라고 소리쳤다.

이처럼 춘향은 첩이라도 좋으니 서울 사는 양반이 되고자 하였다. 그 절실한 꿈을 이루는 길이 일부종사였다. 양반-상민의 신분질서에 대한 비판은 『춘향전』에서 거의 들리지 않는다. 심지어 춘향 모녀가 소속한 기생제에 대한 질타도 거의 들기지 않는다. 오히려 사또의 요구에 응하여 수청을 드는 것이 기생의 올바른 도리임이 몇 차례 강조되고 있다.

그 점은 암행어사임을 밝히기 전의 이 도령이 춘향의 절개를 시험하기 위해 거짓 심문하면서 "네 이년 들어라, 너는 일개 창녀로서 네 고을 관장의 영을 거역하니 죽여 마땅하거니와, 또한 암행어사인 나의 수청조차 거역하니 살기를 바랄까."라고 호령한 데서 잘 드러나 있다. 그럼에도 춘향이 의로웠던 것은 일부종사라는 훨씬 더 높은 수준의 유교적 덕목에 충실하였기 때문이다. 19세기 한국인은 수청을 강요한 사또를 비판한 것이 아니라 일부종사에 충실한 춘향을 찬양하였던 것이다.

『춘향전』에 대한 그 같은 평가에는 첩이라도 좋으니 서울 사는 양반이 되고 싶다는 19세기 한국인들이 공유한 신분 상승의 꿈이 강렬하게 자리 잡고 있었다. 자유인으로서의 신분 해방이 결코 아니었다. 그 점을 종래의 연구자들은 착각해왔다고 생각한다.

요컨대 기생제는 지배신분의 정치철학에서뿐 아니라 서민 대중의 생활문화에서도 부정되지 않았다. 오히려 내면의 가치로서 집요하게 추구되고 있었다. 벼락부자가 된 흥부는 전국 제일의 명기를 끼고 놀았다. 기생의 딸을 기생으로 삼고 기생으로 하여금 군사를 접대케 한 세종의 업적은 그의 백성들이 이후 19세기까지 길게 향유하는 생활문화로 계승되었다.

4

세종과 사대주의

대몽골 울루스

1392년 7월 고려왕조의 마지막 왕 왕요王瑤가 조선왕조의 태조 이성계에게 왕위를 넘겼다. 이 사건의 역사적 의미를 온전히 이해하기 위해서는 1259년까지 거슬러 올라갈 필요가 있다. 그해에 고려왕조는 몽골에 항복하였다. 이후 100여 년간 고려왕조는 한반도에서 발칸반도에 이르는 광활한 유라시아대륙을 종횡으로 엮는 대몽골 울루스에[1] 깊숙이 포섭되었다. 이전의 세계는 7개의 비교적 자급적인 지역으로 구성되었으며, 이슬람이 각 지역을 중개하는 중심부 노릇을 하였다.[2] 대몽골 울루스하에서 세계는 최초로 단일의 체제로 통합되었다. 대륙과 해

양의 곳곳을 연결하는 장대한 교역로와 은본위에 기초한 통화 제도는 세계적 범위의 자유무역을 촉진하였다. 그 교역로를 따라 세계 각 지역의 지식, 기술, 상품이 다른 지역으로 전파되어 각 지역의 전통 사회와 경제에 큰 충격을 주었다.

대몽골 울루스의 중심은 '대칸의 울루스'인 원元 제국이었다.[3] 원은 그의 광대한 영역을 통합함에 있어서 노예제 폐지, 정치와 종교의 분리, 법에 의한 통치, 공공교육과 같은 문명의 원리를 혁신적으로 개발하였다. 이것들은 이후 서유럽에서 근대문명의 문을 여는 계기가 되었다. 중국에서 건너간 컴퍼스, 활자, 종이, 주판 등의 선진기술은 서유럽에서 과학혁명을 촉발하였다.[4] 원 제국의 학자들은 최초의 세계지도를 그렸으며, 이란 고대사, 이슬람사, 오구즈사, 중국사, 유대사, 프랑크사, 인도사로 이루어진 최초의 세계사를 편찬하였다.[5]

고려왕조는 원의 부마국으로서 제국 내에서 비교적 높은 지위를 차지하였다. 고려를 둘러싼 국제무역의 번성은 이전의 한국사가 알지 못한 수준이었다. 1323년 중국 영파를 떠나 남방산 향목과 2만 점 이상의 자기와 28톤의 동전을 싣고 일본으로 가던 200톤 규모의 무역선이 전남 신안의 앞바다에서 침몰하였다. 1976년에 우연히 발굴된 이 무역선은 대몽골 울루스의 질서에서 동아시아 해상교역이 얼마나 번창했는지를 잘 보여주고 있다.

원 제국으로부터의 충격은 경제적인 것만이 아니었다. 원의 고위 관리가 고려에 부임했으며, 제도의 개혁과 새로운 정치를 주도하였다. 고려의 청년들이 원에 진출하여 과거에 급제하고 원의 관리로 출세하였다. 무엇보다 새로운 세계관으로서 신유학을 신봉하는 지식인 그룹이 개혁적 정치세력으로 발돋움하였다. 한반도의 지식인들은 세계를 처음으로 경험하고 그에 대해 사유하기 시작하였다. 1392년의 조선왕조 개창은 이 같은 팍스 몽골리카Pax Mongolica의 작용을 배제한다면 설명하기 어려운 사건이다.

이씨 왕가의 내력

팍스 몽골리카의 시대에 만주의 대부분은 옷치긴 왕조의 지배하에 있었다. 옷치긴은 칭기즈칸의 막내아들이다. 옷치긴의 판도에는 다수의 고려인이 여진족과 섞여 살았다. 조선왕조를 창업한 이성계 가문도 그러하였다. 이성계의 고조부 이안사李安社는 원 개원로에 속한 남경南京, 오늘날의 연길에서 가문을 일으켰다. 1255년 그는 옷치긴 왕조로부터 5천 호의 수

천호首千戶 겸 다루가치의 직위를 하사받았다. 고려가 원에 항복하기 4년 전이었다. 1290년경 이 가문은 원의 쌍성총관부가 설치된 안변으로 남하하여 정착하였다. 이후에도 웃치긴으로부터 주어진 천호와 다루가치 직위는 이성계에 이르기까지 5대에 걸쳐 계승되었다.[6] 그렇게 이성계의 가문은 원 제국의 변방에서 성장한 조그만 군사세력이었다. 조선왕조의 『태조실록』은 이성계의 아버지 이자춘李子春이 '吾魯思不花'라는 몽골식 이름을 가졌음을 숨기지 않고 있다.[7] 몽골어로는 '울루스불카'이다.

이 가문이 고려에 복속하는 것은 1359년 공민왕이 쌍성총관부를 공격하여 고토를 수복할 때 그 지역의 이자춘이 호응하여 큰 공을 세우면서부터이다. 이자춘과 이성계는 고려왕조의 관직을 부여받았다. 이후 홍건적과 왜구의 침입을 격퇴하는 과정에서 이성계와 그의 군사세력은 두드러진 활약을 보였다. 이성계는 고려 조정의 실력자로 부상하였다. 그의 권력은 고려의 정규 중앙군에 기반을 두지 않았다. 그의 가별초군은 몽골식 기마전투와 거친 산악지대에 잘 훈련된 여진족을 핵심 전력으로 하였다.[8]

1388년 요동을 장악해온 몽골세력이 신흥 명 제국에 항복하였다. 고려와 국경을 맞댄 명은 이전의 쌍성총관부에 철령위를 설치하여 명의 직할령으로 삼겠다고 고려에 통고하였다. 고려는 그의 군사공동체 전통에 따라 명에 맞섰다. 고려는 요동을 정벌하기 위한 군사를 일으켰으며, 이성계가 그 선봉을 맡았다. 제국의 변방에서 국제정치의 변화에 기민하게 적응해 온 군사가문 출신의 이성계로서는 무모한 전쟁이었다. 이성계는 군대를 돌려 고려의 조정을 장악하였다위화도회군. 때를 같이 하여 만주를 지배해온 웃치긴 왕조가 영토에 대한 지배권을 인정받는 조건으로 명에 항복하였다. 군대를 돌린 이성계의 국제정치 감각이나 살아남기 위한 전략은 웃치긴과 다를 바 없었다.[9] 이후 명 제국은 철령위의 설치를 취소하였다.

회군을 감행한 이성계로 하여금 새로운 왕조의 개창으로까지 나아가게 한 것은 일군의 유학자였다. 원 지배기에 걸쳐 송의 주자가 집대성한 성리학이 고려에 유입되었다. 이전까지 고려는 경사와 시문의 수준에서 유교를 수용하였다. 자연과 사회의 기본 질서나 인간 본성에 관한 형이상학은 불교의 세계에 맡겨져 있었다. 주자 성리학은 삼라만상을 육성하는 기운에 어떤 근본적인 도덕률이 관통한다는 형이상학을 정립하였다. 그에 따라 자연, 사회, 국가, 세계의 기본 질서는 전면적으로 재해석되었다. 그 도덕률은 인간 제 관계에 이르러 충忠, 효孝, 제悌, 자慈, 경敬과 같은 윤리로 발현하였다. 인간들은 각각의 기질과 도덕능력에 따라 상하위계의 자연스런 질서로 이끌렸다. 성리학의 세계에서 왕정은 이 같은 형이상학과 사회윤리에 충실한 도덕정치였다. 조선왕조의 창업에 참가한 신흥 유학세력은 성리학적 도덕국가의 건립을 역성혁명의 명분으로 삼았다.

최초의 세계지도

이상과 같이 조선왕조의 개창은 한반도에 가해진 팍스 몽골리카의 유업이었다. 같은 유학자이면서 정몽주鄭夢周가 끝까지 고려왕조에 충성을 다한 것은 그가 고려의 충실한 국인이기 때문이었다. 변방 출신의 이성계에게는 그러한 국인으로서의 정체성이 없었다. 그래서 고려왕조를 뒤엎은 것이다. 그것만이 아니었다. 세계에 대한 이해가 근본적으로 달라졌다. 팍스 몽골리카의 시대는 한반도의 지식인들에게 이전에 알지 못했던 새로운 공간으로서 세계를 선사하였다.

1402년 한 장의 경이로운 지도가 그려졌다. 「혼일강리역대국도지도混一疆理歷代國都之圖」이다[자료5]. 명에서 수입한 몇 장의 지도를 합성하고, 거기에다 조선을 상세하게 그려 넣은

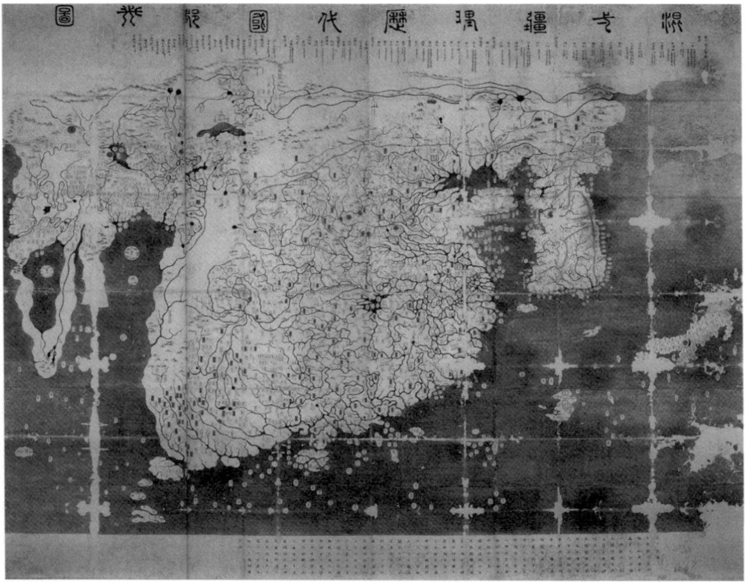

[자료5]「혼일강리역대국도지도混一疆理歷代國都之圖」

출처: 서울대학교 규장각한국학연구원

세계지도이다. 오늘날의 연구자들이 이 지도에 감탄하는 것은 아프리카대륙을 온전하게 그려 넣은 최초의 세계지도이기 때문이다. 최근의 연구에 의하면 지도에 표기된 중앙아시아 서쪽의 지명은 모두 224개인데, 그 가운데 유럽 방면이 34개, 아프리카 방면이 15개이다.[10] 그렇게 15세기 초 조선의 세계 인식은 멀리 아프리카대륙을 넘어 유럽대륙으로까지 열려 있었다. 조선의 엘리트 관료들이 이 같은 세계지도를 그릴 수 있었던 것은 그들이 합성한 중국의 지도가 그러한 정보를 담았기 때문이다. 전술한 대로 그 원류는 원 제국이 그린 세계지도로 올라간다.

그런데 15세기 초 조선이 그린 세계의 공간 구조는 한 세기 이후의 대항해시대에 유럽인들이 발견한 그것과 같지 않았다. 조선이 그린 세계지도에서 세계의 중심은 중국이었다. 중국이 세계의 중앙부로서 거의 절반을 차지하였다. 조선은 중국 다음의 두 번째로 큰 나라였다. 남쪽 바닷속의 일본은 조선의 4분의 1에 불과한 섬나라였다. 다시 말해 15세기 초 조선의 엘리트 관료들이 구체적 이미지로 그렸던 세계는 중국을 중심으로, 조선을 아중심亞中心으로 하는 구조의 공간이었다. 조선왕조가 건립된 것은 그러한 세계적 공간에서였다.

기자箕子의 나라

1393년 이성계는 명의 태조 주원장朱元璋에게 새로운 왕조의 국호를 요청하였다. 그는 화령和寧과 조선朝鮮의 두 가지를 후보로 추천하였다. 화령은 이성계의 근거지인 함길도 화령부를 가리킨다. 조선은 한국사에서 그 유래가 오랜 국호와 지명이다. 명의 태조는 "동이의 국호로서 조선의 칭호가 아름답고 그 유래도 길다."고 하면서 조선을 택하였다. 그러자 이성계의 신하들은 "성인이 왕통을 창시하시니 기자箕子의 옛 봉토를 다스리시며, 황제의 명령이 아름다워서 조선이란 국호를 주셨습니다."라고 경축하였다.[11] 여기서 명확하듯이 조선이란 국호는 기자조선箕子朝鮮에서 유래하였다. 이성계가 조선을 국호로 추천한 것도, 명의 황제가 그것을 택하여 내려준 것도 모두 기자조선을 잇는다는 취지였다.

기자는 기원전 1100년경에 망한 중국 은 나라의 왕족이다. 은이 망하고 주 나라가 서자 기자는 은의 유민을 이끌고 동이로 건너가 8조금법을 시행하였다. 그러자 주의 무왕이 기자를 조선왕에 봉하였다. 이 같은 설화는 기원전 1세기에 저술된 『사기』에서부터 전하고 있다. 다른 한편 역사적 실체로서 조선은 기원전 4세기 중엽부터이다. 그 무렵 북중국인은 요하 하류의 동쪽을 무대로 활동하는 조선이라는 정치체를 인지하였다. 오늘날 고조선古朝鮮으로 불리는 그것이다. 기원전 3세기 전반 조선은 중국 연 나라에 밀려 한반도 청천강 이남의 평양으로 그 중심을 옮겼다.[12] 기원전 2세기 말 연이 망하자 연의 위만衛滿이 조선으로 건너와 왕위를 찬탈했으니 곧 위만조선이다. 기원전 109년 한은 위만조선을 멸하고 그 지역에 한의 군현을 설치하였다. 이래 중국의 역사책은 한반도의 청천강과 대동강 일대를 조선으로 칭하였다.

기자 설화 속의 조선과 기원전 4세기 이후의 조선이 동일한 실체임을 입증하는 어떠한 문헌 사료나 고고학적 증거는 존재하지 않는다. 그것은 언제부턴가 한반도 북부에 대한 중국의 지배를 정당화하기 위해 중국인이 만들어낸 신화에 다름 아니었다. 그렇지만 신화는 오랫동안 소기의 역할을 톡톡히 수행하였다. 예컨대 933년 후당의 황제는 고려왕조를 건립한 왕건王建을 왕으로 책봉하는 조서에서 "그대 왕건은 (중략) 주몽朱蒙이 건국한 상서로움을 계승하여 저들의 왕이 되고, 기자가 번국을 이룬 자취를 밟아서 은혜와 조화를 펼치고 있다."고 하였다.[13] 고려가 주몽이 건국한 고구려를 계승하는 나라이지만, 동시에 기자가 남긴 자취로서 중국의 번국임을 강조한 내용이다. 이래 역대 고려왕에 대한 중국 황제의 책봉문은 기자 신화를 빼놓지 않았다.

고려 역시 그 같은 중국의 입장을 부정하지 않았다. 1055년 거란이 압록강 이남을 침범하자 고려는 "본국은 기자의 나라를 이어받아 압록강을 경계로 삼았다."고 하면서 그에 항의하였다. 1325년 충숙왕은 평양에 기자의 사당을 건립할 것을 지시하면서 "기자가 처음 우리나라에 봉해짐으로써 예악과 교화가 이로부터 행해졌다."고 하였다. 1353년 공

민왕은 원의 황제에 올린 표문에서 "오로지 기자의 봉토에서 제후의 직무를 다할 것"을 약속하였다.[14]

그렇지만 고려왕조와 중국과의 사대관계는 어디까지나 정치외교적 수준에 머물렀다. 후당의 황제가 인정했듯이 고려는 주몽이 세운 고구려를 계승하는 나라였다. 고려는 스스로를 신라에 이어 삼한을 통일한 나라로 간주했으며, 그러한 역사관에 충실하였다. 고려는 기자신화를 수용했지만, 그에 매몰되지 않았다. 고려인들은 그들의 강토가 조선, 숙신, 변한의 세 지역으로 이루어져 있다고 간주하였다. 11세기 후반 문종조에 지역을 칭한 9명의 공후가 있었는데, 조선공, 계림공, 상안후, 부여후, 금관후, 변한후, 진한후이다.[15] 그렇게 조선은 고려 강토의 일부였을 뿐이다.

고려는 고구려의 천하관을 계승하였다. 만주와 한반도의 패자로 군림했던 고구려는 스스로를 천하의 중심으로 자부하였다. 그것은 어느 한 나라가 주도하는 천하가 아니라 복수의 나라가 병존하는 다원적인 천하였다.[16] 그 같은 천하관은 삼한 고유의 종교적 전통과 결부되어 왕권의 신성을 보증하는 정치철학으로 역할을 하였다. 고려의 국왕은 중국 황제에 신속하였지만, 다원적 구조의 천하관에 상응하는 상대적 우열의 관계를 넘지 않았다. 후술하듯이 고려왕조는 독립국의 상징으로서 하늘에 대한 제사를 고수하였다.

그에 비한다면 조선왕조의 건립자들이 고려라는 국호를 폐하고 기자조선을 잇는 취지의 국호를 명에 자청한 것은 한국 문명사에서 더없이 큰 단절을 의미하였다. 이후 한국사는 중국사의 일환으로 전개되었다. 누가 뭐래도 그 점을 부정하기 힘들다. 중국과의 사대관계는 정치군사적 명분을 넘어 인간, 사회, 국가, 세계를 포괄하는 형이상학의 질서로 내면화하기 시작하였다. 예컨대 이성계가 위화도회군을 감행하면서 내건 제1의 명분은 "작은 자가 큰 자를 거스를 수 없다."는 성리학적 인륜의 논리였다. 주원장이 이성계의 회군을 두고 '자연의 천도天道'를 따랐다고 높이 평가한 것도 마찬가지 논리였다.[17] 팍스 몽골리카의 시대를 경과하면서 성숙한 새로운 정치철학과 세계관이 그 짙은 배경을 이루었다. 건국 이후 조선왕조는 그 국호의 본의에 걸맞게 점점 기자의 나라로 순치되어갔다.

세종, 하늘에 대한 제사를 폐하다

앞에서 나는 오늘날의 한국인이 세종을 성군으로 받들기 곤란한 이유를 지적하면서 세종에 의해 사대주의 국가체제가 정비됐다고 하였다. 이제부터 그에 대해 이야기하겠다. 그 예비 수순으로 원 지배기 이래의 정치철학과 세계관의 변화에 대해 장황하게 설명하였다. 그 이유를 독자 여러분은 짐작하실 터이다. 사대주의 국가체제는 세종이 역사의 추세를 거슬러 만들어낸 것이 결코 아니다. 그는 그에 순응했으며, 그에게 주어진 역사의 책무를 성실하게 수행하였다. 긴 역사에서 보면 그는 그러한 역할을 하도록 왕위에 오른 사람이었다.

독자의 천하관을 고수한 고려왕조는 하늘에 대한 제사, 곧 천제天祭를 거행하였다. 국왕은 천명을 받아 이 땅을 다스리는 자이며, 천제는 하늘과 국왕의 직접적 소통을 상징하는 최고의 의례였다. 고려의 왕은 환구단을 쌓고 해마다 풍년을 기원하는 기곡제와 비를 청하는 기우제를 호천상제와 청제, 적제, 황제, 백제, 흑제의 5제에게 드렸다. 그러면서 "고려 국왕 신臣 왕모王某는 감히 하늘에 밝게 고한다."고 하였다.[18]

조선왕조가 들어서면서 천제는 천자의 고유한 예로서 제후는 이를 행할 수 없다는 주장이 신하들로부터 제기되었다. 태조와 태종은 그에 구애되지 않고 천제를 거행하였다. 변화가 없었던 것은 아니다. 환구단은 원구단으로 개칭되었다. 천제의 중심은 기우제로 옮겨졌다. 기곡제가 행해지기도 했지만 예외적이었다. 고려의 국왕은 천제를 직접 주관했지만, 조선의 국왕은 대신을 원구단에 파견하였다.[19] 그 점에서 천제는 천자의 예로서 제후는 이를 행할 수 없다는 주장은 이미 나름의 설득력을 발하고 있었다.

실제의 변화는 1412년부터였다. 태종은 원구단의 기우제가 효험이 없으며, 이는 제후가 행할 수 없는 예를 행했기 때문이라는 이유를 들어 천제를 폐지하였다. 이후 4년간 천제는 중단되었다. 이를 다시 복구한 사람은 변계량이다. 1416년 변계량은 장문의 상소를 올려 천제의 복구를 청하였다. 그는 우리 동방의 시조는 단군으로서 원래 천자가 분봉한 나라가 아니며, 지난 1천 년에 걸쳐 천제를 지냈다고 한 다음, 비록 천제가 천자의 예이긴 하나 심한 가뭄을 당하여 제후도 임시변통으로 행할 수 있는 예라고 주장하였다. 태종은 변계량의 주장을 받아들여 천제를 복구하였다.[20]

이후는 세종조의 일이다. 1419년 세종 1년에 가뭄이 심하였다. 변계량이 원구단에서 천제를 거행할 것을 청하였다. 세종은 "참람한 예는 행함이 불가하다."고 답하였다. 그러자 변계량이 수천 년 동안 행해온 예를 폐함은 부당하며, 더구나 조선은 강토가 수천 리로서 중국 내의 백리 제후와 비할 수 없다는 논리를 내세웠다. 그에 대해 세종은 "어찌 강토가 수천 리라 하여 천자의 예를 분수없이 행하리오." 하면서 다시 거절하였다. 이에 변계량은 심한 가뭄을 맞아 제후가 하늘에 제사를 드림이 무슨 잘못인가라는 예의 임시변통론을 내세웠다. 이에 세종은 그 주장을 받아들여 천제를 거행하였다.[21]

변계량은 당대 최고의 학자이다. 스승 권근權近에 이어 대제학을 20년이나 역임하였다. 중국과의 모든 외교문서가 그의 붓 끝에서 나왔다. 천제의 제문도 죄다 그의 작품이었다. 막 등극한 22세의 청년 세종은 나이 50세의 중신 변계량을 이길 수 없었다. 세종은 참을성 있게 그의 시대를 기다렸다. 그렇게 성격이 온유하고, 중신을 예우하고, 서둘지 않음이 세종의 훌륭한 인품이다. 그가 치세 당대에 신하들로부터 성군으로 칭송을 받은 것은 다 그만한 이유가 있어서였다.

1430년 변계량이 죽었다. 이후 천제의 거행에 관한 『왕조실록』의 기사가 끊어지는데, 다시 보이는 것은 1438년이다. 그에 의하면 "일찍이 원구단에서 천제를 거행하다가 제후국의 법도에 어긋난다는 까닭으로 중단한 지 이미 여러 해"라고 하였다. 이로부터 변계량의 사망을 계기로 천제의 거행이 중단되었다고 짐작된다. 천제는 제후가 행할 수 없는 참람한 예라는 세종의 소신은 오랜 기다림 끝에 드디어 실행을 보았다. 다음 해 1439년에 큰 가뭄이 들었다. 친히 원구단에 나가 천제를 거행하라는 상소가 있었지만 세종은 거절하였다.[22]

1443년 세종은 천제의 거행 여부를 다시 조정의 공론에 붙였다. 그의 생각에는 약간의 변화가 있은 듯하였다. 조선이 비록 제후국이나 중국 내의 제후국과 다르다는 것이 그가 공론을 일으킨 변이었다. 그에 대해 조정의 공론은 둘로 갈라졌다. 원로들은 심한 가뭄에 임시변통으로 천제를 행할 수 있다는 입장인 반면, 소장들은 예가 아닌 것은 하늘도 흠향치 아니하니 큰 가뭄이 들어도 결코 행할 수 없다는 입장이었다. 세종은 소장의 입장을 지지하였다.

다음 해 심한 가뭄이 들었다. 예조가 상소하기를 임시변통으로 하늘에 제사하여 비를 빌자고 했으나 세종은 거절하였다. 그러고선 다시는 천제 거행의 상소를 올리지 말 것을 승문원에 명하였다. 이후에도 한 차례 더 공론이 일었으나 세종의 입장은 확고부동이었다. 그들 두고 『세종실록』을 편찬한 사관들은 임금의 거룩하고 밝은 학문이 변계량의 잘못을 바로잡았다고 칭송하였다.[23] 그렇게 세종은 성군으로 되어갔다.

전통적으로 동아시아 왕조국가에 있어서 천제는 종묘와 함께 왕조의 정통성을 상징하는 최고 수준의 의례였다. 천제는 하늘과의 관계에서, 종묘는 조상신과의 관계에서 국왕의 절대적 권위를 대변하였다. 1443년 천제가 최종 폐지됨으로써 위로는 중국의 천자와 아래로는 왕조의 신민에 이르기까지 그 모두를 통섭하는 국가체제의 큰 기틀이 마련되었다. 1444년 세종은 집현전의 문신들에게 새로운 국례國禮의 편찬을 명하였다.[24] 거기서 기우제는 사직단에서 풍운뢰우의 신에 거행하는 중사中祀의 지위로 내려져 있었다. 그렇게 조선왕조의 국가체제는 제후국의 그것으로 충실히 정비되었다. 왕조가 문을 연지 50여 년 만의 일로서 오로지 성군 세종의 업적이었다.

지성사대至誠事大

만국공법 이전의 전근대 세계에서 작고 약한 나라가 크고 강한 나라에 굴종하는 것은 종묘와 사직을 보전하고 백성을 평안케 하는 고육지책이다. 사대는 하는 자나 받는 자나 모두에게 정략적 관계이다. 하는 자는 속마음을 숨기고 받는 자는 상대를 의심한다. 조선 태종조까지의 사대가 그러하였다. 양국 간에는 군사적 긴장이 잠재하였다. 오고가는 사신은 상대국의 정치를 염탐하였다. 세종조에 들어오면 분위기가 바뀐다. 『세종실록』을 읽으면 그 점을 확실히 느낀다. 한마디로 세종은 지성으로 사대하였다. 그것이 더 고차의 정략이었는지 나는 알지 못한다. 명이나 조선이나 평화의 시대를 맞고 있었다. 마음을 깊이 숨겨야 할 위태로운 시대는 아니었다. 그럼에도 세종은 명의 황제를 지성으로 섬겼다. 그에겐 숨겨야 할 속마음이 없었는지 모른다. 그는 겉과 속이 일치하는 높은 수준의 인격이었다. 그에게 지성사대는 나라 안팎을 태평으로 이끄는 성리학적 정치철학의 큰 벼리에 해당하였다.

1408년 태종 8년부터 1429년 세종 11년까지 조선은 명 황제의 요구에 따라 여덟 차례 처녀를 진헌하였다. 도합 120여 명이었다. 황제를 모실 비妃로서 사대부가의 처녀 25명과 그에 딸린 몸종 등 100여 명이었다. 그중에 비가 된 5명은 황제의 분노를 사 처형되었으며, 1명은 황제가 사망하자 순사를 강요당하였다. 그때 30여 명의 몸종도 함께 순사하였다. 세종 8년 12월부터 9년 4월까지 이루어진 진헌에서 세종은 16차례나 처녀를 직접 간택하였다. 혹이나 새로운 황제의 심사에 어긋나는 처녀여서는 곤란하였다. 나중에 세종은 처녀가 그 부모와 이별하는 원통함을 잘 알지만, 진헌의 일이 워낙 중하여 힘을 다하여 조치했다고 술회하였다.[25]

1435년 명의 황제는 53명의 몸종을 돌려보냈다. 데리고 온 황제의 사신은 조선인 출신이었다. 황제의 칙서를 받는 공식 의례가 끝난 다음의 사적인 예에서 세종은 사신과 동서향으로 마주하였다. 그러자 사신은 원래 조선의 백성으로서 감히 항례할 수 없다고 하면서 세종이 신하를 대하듯 남향하고 자기는 임금을 대하듯 북향할 것이라고 하였다. 결국 세종은 동남향으로, 사신은 서북향으로 마주하는 타협이 이루어졌다. 뒤이어 중국에서 돌아온 여인들이 세종에 인사할 차례였다. 사신은 세종이 남향할 것을 주문했으나 세종은 역시 동남향을 취하였다.[26] 비록 종의 신분이지만 황제를 모셨던 여인들을 온전한 신하로 하대할 수는 없었다. 아, 그 완벽한 사대의 예학이여! 『세종실록』은 곳곳에서 독자로 하여금 이 같은 탄성을 지르게 만든다.

조선왕조가 명에 해청海靑을 진헌하는 일은 1427년 세종 9년부터이다. 해청은 날쌔고 용감하고 그 힘이 능히 짐승을 후려쳐 공격할 수 있어서 예부터 사냥과 군사훈련에 요긴하게 쓰인 진귀한 매이다. 당초 해청의 진헌은 명 사신의 은근한 권유에 세종이 적극적인 약속을 함으로써 시작되었다. 이래 40년간 해청의 진헌은 대명對明 사대에서 조선왕의 성심을 대표하였다. 해청을 잡기는 쉽지 않았다. 세종은 해청이 잡히지 않으면 초조해했으며 지방관들의 무성의를 탓하였다. 평안도와 함길도에 해청을 잡는 호를 지정하고 잡역을 면제하였다. 해청을 잡은 호에는 상금을 내렸으며, 해당 관리에겐 관직을 올려주었다. 조정의 신하들은 해청을 잡는 일로 백성의 고통이 극심하다고 몇 차례나 말렸지만, 황제를 향한 세종의 성심을 멈추게 할 수는 없었다.

세종 10년의 일이다. 해청 3연連을 이미 바친 뒤에 다시 2연이 잡혔다. 신하들은 나쁜 선례를 이룬다 하면서 바치지 말라고 하였다. 당초 황제가 적극적으로 지시한 것도 아니었다. 잡히면 바치라는 정도의 권유였다. 정례화하면 백성의 고통이 여간 아닐 터이다. 황제가 사냥에 탐닉하다가 나라가 망한 고사도 있다. 황제의 마음을 어지럽히는 기물을 바치는 것은 신하의 바른 도리도 아니다. 이 같은 충고에 세종은 역시 지성사대의 논리로 대응하였다. 황제의 지시가 있었고 내가 약속했는데, 이미 바쳤다고 나중에 잡힌 것을 바치지 않으면 내 마음이 편치 않다고 하였다.[27]

세종의 지성사대는 황제의 마음을 몇 차례나 감동시켰다. 1447년, 해청을 진헌한 지 21년이 된 해에 명의 황제는 세종에게 "왕이 대대로 동쪽 번국에 살면서 하늘을 공경하고 대국을 섬겨 직공職貢을 다하되, 오래면 오랠수록 더욱 경건하게 하며, 이에 해청을 가져와서 바치니, 더욱 삼가고 정성스러움을 보겠소."라는 자문을 내렸다. 황제의 칭송은 세종을 감읍시켰다. 4년 전 세종은 다른 일로 황제에게 감사의 뜻을 표하면서 해청을 한 마리 올렸다. 그러면서 "삼가 기자가 봉했던 땅을 정성껏 지키어 아무쪼록 동방을 다스리는 직책을 다하겠삽다."고 하였다.[28] 그렇게 세종조에 걸쳐 조선왕조는 기자의 나라로 몰입해갔다. 해청의 진헌은 1467년 사냥을 좋아하지 않은 새로운 황제의 지시로 이윽고 중단되었다.

사라진 부월斧鉞

고려왕조는 군사국가였다. 그 점에서 도덕국가인 조선왕조와 달랐다. 고려는 3만여 명의 중앙군을 보유하였다. 이들은 국가로부터 토지를 지급받고 그로부터 세를 걷어 살았다. 직접 농사를 짓지 않으니 직업 군인으로서 전투력이 강하였다. 토지를 지급받으니 국가에 대한 충성심도 강하였다. 중앙군은 개경과 주요 군사거점에 분포하였다. 고려왕조는 이들 중앙군을 핵심으로 하는 군사공동체였다.[29] 거란, 여진, 몽고, 왜구, 홍건적으로부터 수많은 외침이 있었지만 고려는 자력으로 격퇴하거나 오랫동안 항쟁하였다. 고려왕조의 대몽항쟁은 28년을 끌었으며, 삼별초의 난까지 합하면 42년이나 되었다.

군사국가로서 고려는 전쟁에 장수를 파견하는 출정의出征儀라는 군례를 행하였다. 출정이 결정되면 우선 사직단에 제사를 지내고 종묘에 이를 고한다. 이어서 대궐의 뜰에서 출정군의 원수에게 왕이 부월斧鉞을 내리는 의식을 거행한다. 뜰의 좌우로 문무백관이 배열하면 왕이 나와 자리를 잡는다. 백관은 재배하고 의장대는 만세를 부른다. 이어 대궐 밖에 대기 중인 출정군의 원수와 부원수가 여러 장수를 거느리고 입장하여 왕 앞에 무릎을 꿇는다. 원수는 적을 물리칠 계략을 올린다. 왕은 원수에게 부월을 내린다. 원수 일행은 재배를 한 뒤 대궐을 나간다. 국왕이 내전으로 돌아가고 백관과 의장대도 차례로 퇴궐한다. 전쟁에 나간 장수가 돌아오면 부월을 반납하는 군례가 비슷하게 거행된다.[30]

이 같은 출정의는 천자의 예에 속한다. 부월은 천자의 권위를 상징하였다. 부월을 받은 장수는 대궐문을 나서는 그 순간부터 출정에 관한 모든 일을 처리할 권한을 갖는다. 군령을 어긴 휘하 장수와 사졸을 재량으로 처결할 수 있음은 물론이다. 제후국도 출정의를 행했는데, 위와 같지 않다. 거기서는 왕과 장수가 함께 사직과 종묘에 나아가 적이 쳐들어왔음을 고한다. 그리고 출정군이 활을 쏘고 창을 찌르는 예를 거행함으로써 출정을 알린다. 이어 왕명을 받은 장수가 군사를 거느리고 출발한다.[31] 부월을 내리는 의식은 없었다. 제후에게는 내릴 만한 부월이 없었다. 부월이 없으니 출정군의 대장이 휘하 장수와 사졸을 처결하는 권한에도 제약이 있었다.

조선왕조의 초기에는 부월을 내리는 군례가 행해졌다. 1396년 태조는 일본 일기도一岐島와 대마도對馬島를 정벌하려 가는 5도병마도통처치사道兵馬都統處置使 김사형金士衡에게 부월을 내렸다. 1410년 태종도 여진의 침입을 맞아 동북으로 떠나는 도선무처치사都宣撫處置使 유정현柳廷顯에게 부월을 내렸다. 이후 부월을 내리는 군례는 행해지지 않았다. 1419년 세종 1년에 이종무李從茂가 삼군도체찰사三軍都體察使가 되어 대마도를 정벌하려 갈 때 세종은 한성부 두모포 백사장에서 이종무와 여러 장수를 전송하였을 뿐이다. 공식적인 군례는 없었다. 1433년 여진이 평안도 국경을 침범하여 최윤덕崔潤德이 도절제사都節制使가 되어 출정할 때도 마찬가지였다. 출정군이 출발한 뒤 세종은 뒤늦게 출정의에 관해 하문하였다. 그러자 집현전이 앞과 같은 제후국의 출정의를 보고하였다.

이후 세종의 명에 따라 편찬된 오례五禮의 군례에서 출정의는 포함되지 않았다. 세종은 천자의 출정의는 고사하고, 제후의 출정의에도 관심을 두지 않았다. 세종조의 군례는 군사 훈련의 절차와 병장兵仗의 규식을 정하는 수준에 머물렀다. 이것이 선례가 되어 이후 성종조에서 완성되는 『국조오례의國朝五禮儀』의 군례에서도 출정의는 배제되었다. 출정의가 상징하는 군국軍國의 의지는 세종조를 거치면서 뿌리가 뽑히고 있었다.

1433년 도절제사 최윤덕이 동북으로 출정했을 때이다. 세종은 기한 내에 도착하지 않거나 대오를 이탈한 군사를 모두 참하는 군법은 아름답지 못하다고 걱정하였다. 그러자 신하들은 가장 늦게 도착한 자와 가장 멀리 이탈한 자만 참하자고 하였다.[32] 그런 군대가 전쟁을 제대로 수행할 수 있는지는 의문이다. 군사에 대한 세종의 자애는 엉뚱하게 조선왕조의 군대를 허물고 있었는지 모른다.

세종에게서 정치와 인륜은 구분되지 않았다. 제후가 천자를 성심으로 섬길진대 무슨 독자 의지의 군국이 필요하단 말인가. 왕은 군사의 고달픈 처지를 살펴야 하며, 이에 장수가 탈영한 군사의 목을 함부로 치도록 방임해서는 안 된다. 왕이 자애를 베풀면 군사의 사기가 높아져 전쟁은 이길 터이다. 나는 세종의 마음을 그렇게 읽는다. 세종에게서 외교와 군국을 포함한 내외 정치는 인륜의 논리로 관철되었다.

역월제易月制의 폐지

동아시아 유교국가에서 왕례와 인륜은 때때로 큰 충돌을 빚었다. 천명의 대리자로서 군왕이 부모형제 간의 인륜에 구속되는가 아니면 그로부터 자유로운가의 문제는 유교국가의 예학에서 가장 심각한 논쟁거리를 이루었다. 예컨대 황제의 사촌이 황제가 되었다 치자. 황제에게는 황제가 아닌 아버지가 있게 된다. 그럴 경우 황제는 아버지를 황제로 추존하여 태묘에 배향할 수 있는가라는 문제가 생긴다. 황제가 효라는 인륜에 충실하면 당연히 추존해야 한다. 반면, 황제는 선황의 혼령을 계승하는 공통公統으로서 사적 인륜에 구애되지 않는다고 하면 추존할 수 없다. 실제 이 논쟁은 명 조정에서 당파 간의 피를 부르는 정쟁으로 벌어졌다.

조선왕조에서도 마찬가지이다. 예컨대 선왕의 후궁은 다음 왕의 어머니인가 신하인가라는 문제가 그것이다. 실제 인조의 후궁과 효종과의 관계에서 이 문제가 발생하였다. 효종이 죽자 인조의 후궁이 입을 상복의 등급을 두고 논쟁이 일었다. 후궁이 어머니면 가벼운 상복이고, 신하면 무거운 상복이었다. 이 논쟁은 서인과 남인 간의 심각한 당쟁으로 전개되었으며, 결국 피를 보고 말았다. 임금은 하늘과 귀신을 대표하는 종장宗匠으로서 인륜을 초월하며, 이에 선왕의 후궁은 신하로서 무거운 상복을 입어야 한다고 주장한 남인의 영수 윤휴尹鑴는 사약을 받고 말았다. 이후 조선왕조 말기까지 임금은 인륜을 초월하는 절대적 권위라고 주장하는 어느 정치가나 학자도 감히 나타나지 않았다.

따지고 보면 이 같은 17~19세기의 역사는 이미 15세기에 그 단초가 열려 있었다. 조선왕조의 왕례는 초기부터 인륜에 구속되는 형태로 정비되었다. 세종이 그 주역이었다. 전통적으로 아버지가 죽은 뒤 아들이 입는 상복은 가장 무거운 등급의 참최斬衰이다. 상복을 입는 기간도 최장의 25개월이다. 흔히들 3년상이라 하는 그것이다. 문제는 군왕도 25개월의 참최를 입는가라는 점이다. 상복을 입고서는 정무를 볼 수 없기 때문이다. 이와 관련하여 고려왕조의 역대 왕들은 죽을 때 장례는 역월제易月制의 방식으로 간소하게 치르라고 유언을 남김이 관례였다.[33] 역월제는 달을 날로 바꾼다 하여 25개월을 25일로 바꾸어 상복을 입는 것을 말한다. 그렇게 고려의 왕들은 25일 만에 탈상을 하였다. 천명을 받은 자로서 하루하루 만기를 친람하는 것이 인륜에 따라 효를 다하는 것보다 중하게 받들어졌기 때문이다. 중앙 관료들의 상기도 25일이며, 지방관의 경우는 3일이었다.

역월제 전통은 조선왕조의 태종조까지 이어졌다. 1408년 태종 8년에 상왕 태조가 죽었다. 태종은 고려 이래의 역월제 전통에 따라 25일간 상복을 입었다. 1422년 세종 4년에 상왕 태종이 죽었다. 그러자 세종은 역월제를 부정하고 주자가례朱子家禮에 따라 25개월의 참최를 입겠다고 결정하였다. 다만 상복을 입고 정무를 볼 수는 없으므로 상복은 졸곡까지만 입고 이후는 백의와 백모로 바꾸어 정사에 임하며, 졸곡 이후의 소상, 대상, 담제의 절차는 상복을 입고 정식으로 치른다고 하였다. 그러자 조정의 신하들은 임금이 상복을 입는데 벗을 수 없다면서 그들의 상기를 졸곡까지 3개월로 연장하였다.[34]

세종이 솔선수범한 3년상은 조선왕조의 국례로 정착했을 뿐 아니라 사가의 가례로 널리 확산되었다. 고려왕조의 국례는 유교의 형식을 빌렸지만, 내용은 그에 구애되지 않았다. 특히 왕과 부모의 장례를 규정한 흉례凶禮가 그러하여 일정한 규식이 없다고나 할 형편이었다. 전술한 대로 왕의 장례는 역월제에 따라 간소하게 치러졌다. 민간의 장례도 마찬가지여서 3년상을 치르는 경우는 거의 없었다. 조정의 관료라 해도 불교식 장례에 따라 100일 만에 탈상을 함이 보통이었다. 고려왕조는 부모의 상을 맞이한 관료들에게 100일의 휴가를 주었다. 하급의 사졸에겐 50일을 지급하였다. 공민왕 때 3년상이 제도로 시행된 적이 있지만 준수하는 사람은 거의 없었고, 전쟁이 일어나자 이내 폐지되고 말았다.[35]

조선왕조에 들어 부모를 위한 3년상은 왕실과 양반관료의 흉례로 보편화하였다. 상기 중에는 벼슬을 그만두어야 했으며, 술과 고기를 먹거나 처와 첩을 취해서도 안 되었다. 아버지 생시에 어머니가 죽으면 재최齊衰 상복에 1년 상기이다. 그래도 이같이 근신하는 심상心喪을 1년간 더 치러야 했다. 세종 14년의 일이다. 대사헌이 어머니의 상을 마치고 복직하였다. 그러자 대간이 심상 1년을 마저 치르지 않고 복직한다면서 탄핵을 하였다. 대사헌은 국법에 따랐을 뿐인데 탄핵을 받으니 부끄럽다면서 그만두었다.[36] 그렇게 세종이 3년상의 모범을 보인 뒤 조정의 분위기는 일층 근엄해졌다. 국법을 초월하여 흉례가 지배하는 세상이 되었다.

하층 서민은 3년상과 거리가 멀었다. 그들은 전통 신앙에 따라 부모를 장례하였다. 전국의 마을에는 향도香徒라는 부처에 기도하는 단체가 있었다. 그들은 부모의 숨이 끊어지지도 않았는데 집 밖으로 옮기고, 부모가 죽으면 움막을 헐어버리고, 장례일에는 다 같이 모여 술 마시고 노래 부르면서 조금도 애통해 하지 않고, 화장을 하여 그 재를 뿌리면서 극락왕생을 기원하였다. 1년 뒤 기일을 맞아서는 굿으로 망자의 영을 위로하였다. 조선왕조는 이 같은 서민의 장례를 인륜에 어긋난다고 금지했지만 큰 효과를 거두지 못하였다.[37]

그렇지만 느린 속도나마 유교식으로의 변화는 불가역의 추세였다. 1460년대에 편찬된 『경국대전』은 "부모의 장례는 참최 3년이다."고 규정한 다음, "군사와 서인은 100일간 상복을 입는다. 만약 군사가 3년상을 원하면 들어 준다."고 하였다.[38] 이후 1472년의 『왕조실록』에 의하면 군사로서 3년상을 치르고자 하는 사람이 거의 1천 명이나 되어서 왕궁의 숙위에 문제가 생길 정도였다.[39] 군사와 서인에겐 여전히 고려 이래의 100일상이 일반적이었다. 그렇지만 원할 경우 3년상을 치를 수 있다고 하니 그에 기대어 고달픈 군역을 면제받고자 하는 군사들이 대거 생겨난 것이다.[40]

조선왕조는 『경국대전』의 규정에 따라 그들을 고향으로 돌려보낼 수밖에 없었다. 그렇게 고려 이래의 중앙군제는 서서히 허물어져 갔다. 중앙군제가 해체된 원인은 다양하며, 여기서 그에 대해 자세하게 설명할 필요는 없다. 어쨌든 주자가례에 따른 3년상의 확산으로 인해 농촌 품관을 핵심 전력으로 하는 조선초기의 중앙군제가 약화되어 간 것만큼은 부정하기 힘들다. 조선왕조는 군국의 수준조차 흉례가 지배하는 나라로 되어갔다. 그러한 역사적 추세에 불을 붙인 것이 세종의 3년상 솔선수범이었다.

도덕국가로의 순화

세종이 3년상의 모범을 보인 것은 왕례를 가례화했다는 역사적 의의를 지닌다. 전술한 대로 세종은 천년 이상을 이어온 천제의 거행을 중단하였다. 하늘과의 직접적인 소통을 포기함으로써 천명의 대리인으로서 군왕의 권위는 중국 황제에 대한 사대를 통해 확보될 수밖에 없었다. 작은 자가 큰 자를 섬기는 것은 하늘이 내린 도로서 인륜이다. 세종은 스스로 인륜의 지극한 모범을 보임으로써 그의 신료와 백성에 대한 군왕의 권위를 확보하였다. 세종이 왕례를 가례화한 것은 국가체제의 이 같은 변형에 상응하는 조처였다.

왕례의 가례화는 동시에 가례의 왕례화, 곧 가례가 국례의 일환으로 포섭되는 과정이기도 하였다. 고려의 국례는 오로지 왕례로서 가례를 포함하지 않았다. 그와 달리 조선의 국례는 왕례와의 위계에서 가례를 포섭하였다.[41] 조선의 국가체제는 여러 부문에서 반드시 일관되지는 않지만 크게 말해 제후諸侯 왕, 대부大夫 관료, 사士 양반, 서庶 상민, 천賤 노비의 위계로 짜였다. 그 위에 중국의 천자가 놓임으로써 완성되는 위계였다. 그로 인해 조선왕조의 국례는 제후의 왕례를 비롯하여 대부, 사, 서의 가례를 포섭하였다.[42] 예컨대 『경국대전』은 조상에 제사를 드리는 대수代數와 관련하여 문무관 6품 이상은 3대를, 7품 이하는 2대를, 서인은 단지 부모 1대를 봉사한다고 하였다.[43] 이 같은 위계에는 제후인 왕은 5대를, 맨 위의 천자는 7대를 봉사함이 전제되었다.[44]

다시 말해 조선의 국가체제는 『경국대전』의 편찬에 이르러 중국의 황제를 정점으로 하여 조선의 서민에까지 이르는 차등적 신분과 예의 질서로 구조화하였다. 그 과정에서 독립국을 상징하는 군국의 의지는 출정의가 군례에서 배제됨에서 보듯이 현저하게 쇠퇴하였다. 이 나라는 점점 예의 질서로 부지되는 도덕국가로 순화되어갔다. 그럼에도 국가의 지배력은 강고하였다. 예의 질서가 천자를 정점으로 하였기 때문이다. 15~16세기의 천하는 명 제국을 중심으로 태평성대를 구가하였다. 그런 가운데 조선왕조가 구축한 예의 국제질서로서 국가체제는 부동의 안정성을 구가하였다.

나는 이 같은 조선왕조의 국가체제가 당대의 세계관, 정치철학, 국제환경과의 관련에서 구현하는 합리성을 높이 평가한다. 세종은 그러한 국가체제를 구축함에 큰 공적을 남겼다. 앞서 강조한 대로 세종은 역사가 그에게 요구하는 책무를 훌륭하게 감당하였다. 그 이유로 그는 치세 당대에 이미 성군으로 칭송을 받았다. 나는 그 점을 어느 역사가보다 전체적으로 이해하고 평가하고 있다. 그 점에서 독자 여러분의 오해가 없기를 바란다.

백성에게 바른 한자음을 가르치다

오늘날 대다수의 한국인이 세종을 성군으로 받드는 가장 큰 이유는 뭐라 해도 그의 훈민정음 창제에 있다고 하겠다. 그에 관한 오늘날 관련 학계의 통설적 이해는 다음과 같다. 1443년 세종은 어리석은 백성에게 쉽고 편리하게 사용할 수 있는 문자가 없음을 안타깝게 여겨 당신이 손수 세계적으로 뛰어난 표음문자인 훈민정음을, 즉 오늘날의 한글을 만들었다. 세종의 한글 창제는 그의 지극한 애민정치의 소산이었다. 또한 세종의 한글 창제는 중국과 구분되는 조선 독자의 정체성, 곧 민족주의의 발로였다. 조선왕조는 그때부터 세계사적으로 근세近世라 할 만한 문명의 고양기를 맞이하였다. 마침 이 글을 쓰고 있는 중에 연례의 한글날을 맞았다. 문재인 대통령은 한국의 민주주의는 세종의 한글 창제부터라고 칭송하였다. 과연 그러한가.

2015년 정광鄭光 교수가 『한글의 발명』을 출간하였다.[45] 몇몇 신문에서 그 내용을 소개했으며, 저자와의 인터뷰도 실었다. 나는 그것을 읽고 더없이 흥분하였다. 정광 교수는 세종의 한글 창제에 관한 위와 같은 통설적 이해를 하나하나 남김 없이 부정하였다. 나는 당장 그 책을 사서 독파하였다. 그러고선 "옳은 이야기야, 역시 그러했군." 하면서 무릎을 쳤다.

여기까지 서술한 노비제, 기생제, 사대주의에 대한 세종의 정책은 내가 오랫동안 관련 사료나 연구 성과를 읽으면서 한 뜸 한 뜸 생각해온 것들이다. 때문에 그 옳고 그름에 대해서는 내가 나의 명예를 걸고 책임을 질 수 있다. 그런데 세종의 한글 창제에 관한 학계의 통설적 이해는 세종에 대한 나의 평가와 아귀가 맞지 않는다. 나로서는 그 어긋남을 어찌할 수 없었다. 나의 전공과는 너무 동떨어진 언어학과 국어사 영역에 속하는 문제이기 때문이다.

그런데 그 어긋남을 정광 교수의 『한글의 발명』이 말끔하게 해소해주었다. 어떤 두 사람이 서로 다른 먼 길을 걸어와 몸에 지닌 신표를 대조하니 딱 들어맞는 그런 기분이었다. 정광 교수가 세종의 노비제, 기생제, 사대주의 정책에 관해 나와 이해를 같이한다는 말은 아니다. 나는 그분을 알지 못한다. 책을 읽으면서 몇 가지 의문이 들었지만 물어볼 엄두도 못 내었다. 워낙 상이한 전공 영역이기 때문이다. 그러니까 두 사람의 신표가 딱 들어맞는다고 한 것은 어디까지나 나만의 흥취에서 하는 말이다. 이하 내가 이해한 수준에서 아주

간략하게 『한글의 발명』을 소개한다.

중국어는 주어, 동사, 목적어로 이어지는 토가 없는 고립어이다. 반면 주변 여러 민족의 언어는 주어, 목적어, 동사로 이어지는 토가 있는 교착어이다. 주변 민족은 중국 한자의 뜻, 음, 형태를 빌리거나 바꾸어 자신의 문자생활을 영위하였다. 한국도 신라와 고려에 걸쳐 향찰, 이두, 구결을 개발하였다. 그런 중에 주변 민족은 중국 문화로의 동화를 경계하여 독자의 표음문자를 제작하였다. 티베트의 서장문자, 요의 거란문자, 금의 여진문자, 몽골의 위구르문자와 파스파문자가 그것이다. 이것들은 공통으로 기원전 고대 인도에서 발달한 음성학의 전통을 잇는다. 세종의 훈민정음도 이같이 전개된 중국 주변의 표음문자 계보에 속한다. 특히 173년 전에 개발된 파스파문자로부터 직접적 영향을 받았다. 초기의 조선왕조는 고려왕조의 전통을 이어 파스파문자를 사용했으며, 몽골어 역관들은 파스파문자의 시험을 치렀다.

세종이 독자의 문자를 개발하게 된 계기는 동시대 조선의 한자 발음과 중국의 그것이 너무 달랐기 때문이다. 동시대 조선의 한자 발음은 이 땅에 한자와 그 발음이 유입된 이래 오랜 세월을 거쳐 10세기경에 정착한 것으로서 대략 수당隋唐 시대의 중국어와 일치하였다. 그런데 원명元明 시대에 걸쳐 중국어의 중심이 북경어로 바뀌었다. 그에 따라 양국 간 문자와 언어의 소통에서 많은 문제가 발생하였다. 이에 세종은 동시대 북경어 중심의 한자 발음을 정확히 표기할 목적에서 발음기호를 창제하였다. 그것이 훈민정음이었다. 글자의 뜻 그대로 백성에게 가르칠〔訓民〕 바른 음〔正音〕을 표기한 기호였다. 바른 음 그것은 동시대 북경어의 한자 발음을 말하였다. 통설대로 훈민정음은 하층 서민이 쉽고 편리하게 쓸 수 있도록 개발된 문자가 아니었다. 한자를 사용하는 지배신분의 사람들이 동시대 중국의 기준에서 정확한 중국어를 구사하고 훌륭한 외교문서를 작성하고 아름다운 시문을 지을 수 있도록 개발된 발음기호였다.

세종은 그 발음기호 43자를 가지고 맨 먼저 『고금운회古今韻會』와 『홍무정운洪武正韻』이라는 중국의 운서를 번역하기 시작하였다. 뒤이어 조선의 한자 발음을 중국식으로 표준화하는 『동국정운東國正韻』이란 운서를 편찬하였다. 다시 말해 세종은 당대 조선의 한자음을 중국식으로 개조하는 엄청난 작업을 벌인 셈이다. 이 거대한 문화사업은 성공하지 못하였다. 1448년에 편찬된 『동국정운』은 음운의 체계에서 당대 조선의 언어생활과 너무나 동떨어졌으며, 이에 결국 폐기되고 말았다.

그럼에도 훈민정음이 표음문자로 생존한 것은 변음토착變

音吐着에 성공한 덕분이었다. 세종의 차녀인 정의공주貞懿公主가 그 일에 공로가 컸다. 변음이란 기존의 이두처럼 한자의 뜻을 빌려 표기하던 것을 버리고 직접 소리나는 대로 표기함을 말한다. 예컨대 무엇이다의 '이다'는 이두로 '시여是如'라고 썼는데, 이제 그 음을 바꾸어 '이다'로 쓰는 것이다. 토착은 조선어에 고유한 토를 마찬가지 방식으로 다는 것을 말한다. 그렇게 한문 밖의 일상의 조선어도 표기할 수 있음이 확인되자 훈민정음은 더 이상 발음기호가 아니라 표음문자로 바뀌어 보급되어갔는데, 그것을 가리켜서는 언문諺文이라 하였다.

학계라 해도 집단연고의 무리

이상, 정광 교수의 『한글의 발명』을 간략히 소개하였다. 정광 교수의 연구 대상은 훈민정음만이 아니라 중국 주변의 표음문자들을 망라하고 있다. 원이 반포한 파스파문자는 그로 쓰인 문헌과 금석이 명 태조에 의해 철저하게 파괴된 연유로 온전하게 전하지 않는다. 정광 교수는 여러 문헌을 섭렵하여 파스파문자의 전모를 복구하는 데 성공하였다. 그 이유로 세계의 관련 학계로부터 높은 평가를 받고 있는 듯하다. 내가 정광 교수를 신뢰하는 것은 그 때문이다.

[표2]는 정광 교수가 복구한 파스파문자 33개와 훈민정음의 자모 32개를 발음기관과 음의 청탁에 따라 분류하고 대조한 것이다. 나는 두 문자의 음성 구조가 완벽하게 일치함을 보고 감탄을 금치 못하였다. 다시 말해 1443년 세종의 훈민정음 창제는 173년 전에 원이 개발하고 초기의 조선왕조도 사용한 파스파문자의 원리에 충실하였다. 다만 그 자형만큼은 창조적이라고 정광 교수는 지적하고 있다.

훈민정음의 창제와 보급에는 여러 대군, 공주, 불가의 학승, 집현전의 학사, 사역원의 역관이 참가하였다. 세종의 관심은 컸고, 그가 직접 기여한 바도 없지 않을 터이다. 그렇다고 해서 세종이 훈민정음을 손수 창제했다고 하면 지나치다. 하루하루 수많은 정사에 시달리는 군왕이 고대 인도에서 발원하여 여러 민족의 표음문자와 방대한 불경으로 녹아든 복잡한 음성학의 원리를 홀로 터득하거나 개발하기는 불가능하다. 그의 의지와 후견으로 제작이 추진되고 그의 이름으로 반포된 문자라 해도 충분하다.

정광 교수의 파천황과도 같은 학설을 두고 국어학계가 어떻게 반응하는가 궁금하여 관련 학술 사이트를 뒤졌더니 의외로 조용하다. 적극적으로 그에 동조하거나 비판하는 논문이 보이

[표2] 훈민정음과 파스파 문자의 자형 비교

	아음	설음	순음		치음		후음	반설음	반치음
			순중음	순경음	치두음	정치음			
전청	ㄱ(見)	ㄷ(端)	ㅂ(幫)	ㅸ(非)	ᅎ(精)	ᅐ(照)	ㆆ(影)		
차청	ㅋ(溪)	ㅌ(透)	ㅍ(滂)	ㆄ(敷)	ᅔ(淸)	ᅕ(穿)	ㅎ(曉)		
전탁	ㄲ(群)	ㄸ(定)	ㅃ(並)	ㅹ(奉)	ᅏ(從)	ᅑ(床)	ㆅ(匣)		
불청 불탁	ㆁ(疑)	ㄴ(泥) ㄴ(娘)	ㅁ(明)	ㅱ(微)			ㅇ(喩) ㅇ(幺)	ㄹ (來)	ㅿ (日)
전청					ᄼ(心)	ᄾ(審)			
전탁					ᄽ(邪)	ᄿ(禪)			

출처: 정광(2015), 『한글의 발명』, 478쪽.

지 않는다. 국어학계의 주류는 냉담한 듯하다. 정광 교수는 책의 곳곳에서 자기의 주장에 대해 믿을 수 없다고만 하지 말고 근거를 제시하면서 반론을 펼치라고 관련 연구자들에게 요구하고 있다. 내겐 그 말이 나의 파스파문자 복원이 잘못되었는지 검증하라는 뜻으로 들린다.

예나 지금이나 한국에서 '사회'라 하면 집단연고의 무리이다. 학계라 해서 연구자들이 높은 자존심과 명예감으로 새로운 학설을 공정하게 평가한다고 여기면 큰 오산이다. 한국의 학계는 아직 그런 수준에 도달해 있지 않다. 무슨 이야긴가 하면, 비록 큰 호응은 없지만, 오히려 그 이유로 정광 교수의 학설은 신뢰할 만하다는 것이다. 요컨대 훈민정음은 당초 조선의 지배층이 중국어를 보다 정확히 구사할 수 있도록 발음기호로 고안된 문자였다. 세종이 훈민정음을 반포하면서 어린 백성을 위해서라고 한 그 백성은 한자를 사용하는 대부와 사의 신분층을 말하였다.

최만리崔萬理의 반대

훈민정음이 반포되자 집현전 부제학인 최만리崔萬理를 비롯한 몇 사람이 반대하는 상소를 올렸다. 그 이유를 보면 첫째는 우리 조선은 지성으로 대국을 섬기어 중화의 제도를 준행해왔는데, 이제 새로운 글자를 만들어 이 사실이 중국에 흘러들어가 비난을 받게 되면 대국을 섬기는 데 부끄러움이 있다는 것이다. 둘째는 중국 밖의 몽고, 서하西夏, 여진, 일본, 서번西蕃 등과 같은 오랑캐는 각각 자기 문자가 있는데, 우리가 만약 한자를 버리고 독자의 글자를 갖게 되면 저들 오랑캐와 무에 다를 것이 있겠는가라는 것이다.[46] 이하 몇 가지 이유가 더 있는데 언급을 생략한다.

세종이 한국사 제1의 위인으로 받들어지게 된 데에는 이 같은 최만리 등의 반대 상소가 큰 역할을 하였다. 그들이 내건 명분은 누가 봐도 고리타분한 골수 사대주의 그 이상도 이하도 아니다. 그런 반대를 물리쳤으니 세종은 두 말할 여지없이 건강하고 진취적인 민족주의자다. 『세종실록』을 보면 최만리 등의 반대 상소에 접한 세종은 그들의 주장이 임금을 무시하고 논리가 맞지 않음에 화를 내어 그들을 하룻밤 의금부에 가두었다가 풀어주었다. 더 이상의 심각한 분란은 있지 않았다. 세종 26년 당시의 권력구조에서 세종에 맞설 신하들의 권리란 것은 존재하지 않았다. 그럼에도 임금과 신하의 대립을 극적으로 부풀려 상업적으로 크게 성공한 소설이 있다. 이정명의 『뿌리 깊은 나무』가 그것이다.[47] 70만 명이나 읽고 SBS의 사극으로도 크게 히트한 작품이다.

소설에서는 사대주의와 전통 유학에 충실한 기득권 세력의 경학파經學派와 민족주의와 실학을 추구하는 혁신 세력의 실용파實用派가 대립을 벌이고 있다. 최만리 등은 경학파이고 세종과 집현전 학사는 실용파이다. 경학파는 실용파의 한글 창제가 사대주의를 허물고 민중의 정치의식을 일깨워 그들의 기득권체제를 무너뜨릴 것을 두려워한다. 경학파는 자객을 파견하여 실용파를 차례로 암살하고 심지어 세종의 목숨까지 노린다. 소설은 그 같은 경학파의 음모, 암살, 반역을 추적하고 진압하는 젊은 수사관의 활약을 그리고 있다.

이 소설의 배경 설정이나 스토리 전개가 얼마나 황당한가를 여기서 논하지는 않겠다. 잘못된 역사소설은 몇 세대를 두고서도 치유하기 힘든 깊은 상처를 남긴다. 언젠가 이 '환상의 나라' 시리즈의 다른 곳에서 민족주의 역사소설의 폐해에 대해 자세하게 논할 계획이며, 그때 지금의 『뿌리 깊은 나무』에 대해서도 언급할 것이다. 어쨌든 최만리 등의 반대 상소는 후대의 소설가에게 독자를 열광시키기에 충분할 정도의 드라마틱한 상상력을 불러일으켰다.

소중화의 주체성

세종과 최만리의 입장 차이와 관련해서는 조금 난해하지만 정다함의 「"中國듕귁"과 "國之語音나라말씀"의 사이」라는 논문을 읽어보도록 독자 여러분께 권하고 싶다. 그에 의하면 세종의 훈민정음 창제는 언어와 문자의 불통으로 생겨난 조선과 명의 긴장 관계를 해소하고 중화라는 광역적인 국제질서와 문화를 조선왕조가 섭취하고 내면화하는 과정이자 수단이었다. 훈민정음의 창제는 결국 중화로 향한 소중화 조선왕조의 주체성 내지 능동성의 발로였다.[48]

실제로 『왕조실록』을 보면 조선이 명에 보낸 외교문서에 명이 읽기에 명을 능멸하는 표현이 있어서 명 태조가 조선의 사신을 감금하고 문서를 쓴 사람을 잡아 보내라고 하여 심각한 긴장이 발생한 적이 있다. 조선 태조 연간의 일이다. 세종 연간에는 명이 '일동一同'을 돌려보내라고 요구했는데, 조선은 그것이 무엇인지 몰라 되묻기도 하였다. 한번은 명으로 표류한 조선인의 이름을 적은 문서가 왔는데, 도무지 조선식 이름이 아니어서 조선은 명에 그들을 심문할 사신을 파송할 수밖에 없었다.[49]

정다함과 같은 새로운 시각에서 최만리 등을 평가하면 그들은 꽉 막힌 국제감각의 소지자로서 소극적이며 방어적인 사대주의자였다. 그들의 고식적인 사대주의에서 문자는 한자 하나만으로 충분하였다. 그에 비하자면 세종은 활짝 열린 국제감각의 소지자로서 중화의 질서를 적극적이며 능동적으로 수용하고 내면화하는 정책을 펼쳤다.

전술한 대로 세종은 조선왕조의 국가체제를 천자를 정점으로 하는 예의 국제질서로 정비하였다. 그렇게 중화의 세계로 깊숙이 진입해가기 위해서는 언어·문자 생활마저 중화의 기준으로 교정할 필요가 있으며, 그를 돕는 보조문자가 필요하였다. 다시 말해 세종의 한글 창제는 15세기적 국제질서에서 조선왕조가 소중화로서 추구한 개성적인, 그래서 역설적으로 민족주의적이기도 한, 문화정책이었다.

5

대한민국은 자유인의 공화국이다

요약

15~17세기에 걸쳐 전체 인구의 적어도 3분의 1은 노비였다. 이전의 고려시대만 해도 노비의 인구 비중은 10분의 1 미만이었다. 조선왕조에 들어 노비 인구가 크게 팽창하게 된 데에는 세종의 역할이 컸다. 세종은 노비가 주인을 고소할 수 있는 법적 권리를 박탈하였다. 이후 노비는 주인의 완전한 사유재산으로 변하였다. 노비를 함부로 죽여도 큰 죄가 되지 않는 시대가 되었다. 그에 따라 노비 가격이 고려시대에 비해 5배나 뛰었다. 아버지 태종은 노비와 양인의 결혼을 금지하는 한편, 비가 양인 남자와 결혼하여 낳은 자식을 양인 신분으로

삼았다. 아들 세종은 노비와 양인의 결혼을 방임했으며, 비와 양인 남자의 소생을 노비 신분으로 돌렸다. 세종은 노비를 정상의 인류로 간주하지 않았다. 세종은 자주 남편을 바꾼다는 편견에서 비의 정조를 인정하지 않았다. 세종이 비의 소생을 모두 노비로 잡은 것에는 이 같은 노비관이 작용하였다. 이후 노비 인구가 부쩍 증가하는 가운데 한국사에서 노비제의 전성기가 열렸다.

조선시대에 걸쳐 중앙정부와 지방관아에는 춤추고 노래하고 성적 위안을 제공하는 기생 신분의 여인들이 있었다. 기생의 신분은 딸에게 세습되었다. 특정 여인에게 성 접대의 역을 강요하고 세습시킨 다른 나라의 예가 있는지 나는 잘 알지 못한다. 그만큼 기생제는 세계사에서 한국사가 지닌 개성적 특질을 상징하고 있다. 그 기생제를 사실상 창출한 군왕이 다름 아닌 세종이었다. 기생의 딸은 기생이라는 법은 세종에 의해 만들어졌다. 이후 기생은 관비의 신분으로 떨어졌다. 이전 고려시대만 해도 기생은 관비가 아니었다. 나아가 세종은 국경지대의 고을에 군사를 접대할 기생을 설치하였다. 이후 전국 각 군현에 수십 명씩의 기생이 배치되었다. 세종이 창출한 기생제는 20세기 군 위안부 제도의 역사적 원류를 이루었다.

하늘에 대한 제사, 곧 천제는 역대 왕조가 천 년에 걸쳐 행해온 최고 수준의 국가의례였다. 세종은 그 천제를 폐지하였다. 천제는 천자의 예로서 제후가 거행할 수 없다는 명분에서였다. 세종은 독립국의 군국 의지를 상징하는 출정의에 관심을 두지 않았다. 세종은 명의 황제를 섬김에 있어서 성과 예를 다하였다. 세종은 부왕의 죽음을 맞이하여 역대 군왕이 행한 25일상을 폐지하고 3년상을 지냄으로써 왕례를 가례화하였다. 이를 계기로 조선의 국가체제는 천자→제후→대부→사→서→천의 위계로 짜인 예의 국제질서로 재편성되었다. 고려왕조가 외적의 침입을 자력으로 방어한 군사국가였음에 비해, 조선왕조는 예의 국제질서에서 부동의 안정성을 구가한 도덕국가였다. 훈민정음은 조선의 지식인이 중국어를 보다 정확히 구사할 수 있도록 고안된 문자였다. 세종의 훈민정음 창제는 당대의 보편적 국제질서로서 중화를 능동적으로 수용하기 위한 소중화 나름의 주체적인 문화정책이었다.

조선왕조의 국가체제가 천자를 정점으로 한 예의 국제질서라는 나의 주장은 앞으로 적지 않은 논란거리가 될 것이다. 자주 국방의 의지나 능력을 결여했음에도 조선왕조는 518년이나 장기 지속하였다. 그 요지부동의 국제질서와 국가체제 덕분이었다. 그것은 당대의 인간, 사회, 국가, 세계에 대한 체계적 이해에 바탕을 둔 걸작품이었다. 그러했던 만큼 그것에 지불된 역사의 비용도 컸다. 인간과 사회에 대한 이해도 부동의 안정성을 구가하였다. 18~19세기에 걸쳐 노비제와 기생제는 현저하게 이완되었다. 그럼에도 19세기 말까지 그것들의 완전 철폐를 주장하는 인간 자유의 정치철학은 끝까지 고개를 들지 않았다. 자유, 그것은 아직 미명의 지평 건너에 있었다.

몇 가지 추가

군왕으로서 세종의 면모에 관해서는 이외에도 할 이야기가 많다. 나는 경제사 연구자이기 때문에 세종의 경제정책에 대해 관심이 크며, 그러한 관점에서 『세종실록』을 읽었다. 한마디로 세종은 저항이 드센 일에는 결코 무리를 하지 않는 온건한 성품의 소유자였다. 예컨대 그의 치세기에 전국의 인구는 대략 20만 호에 74만 명에 머물렀다. 조사된 인구는 성인 남자에 한하였다. 신하들은 실제 인구의 10분의 1밖에 되지 않는다며 발본적인 조사를 몇 차례나 건의했지만, 세종은 한 번도 응하지 않았다. 김종서 장군이 6진을 개척한 뒤 그 지방의 인구를 조사하기 시작하였다. 그러자 세종은 파발을 띄워 중단을 지시하였다. 김종서는 지금 안 하면 언제 다시 하겠는가라고 고집했지만 세종은 듣지 않았다.

세종은 토지세 제도를 정비함에 많은 노력을 기울였다. 그것은 논리적이지만 비현실적이었다. 현학적이기까지 하였다. 그는 논과 밭의 비옥도를 각각 6등급으로 구분한 위에 풍흉의 등급을 다시 9등급으로 구분하였다. 따라서 같은 면적의 논과 밭에서 수취하는 토지세의 양은 각각 54종이나 되었다. 현실은 세종의 기대대로 움직이지 않았다. 비옥도와 풍흉의 등급은 정치 논리로 정해졌다. 풍흉의 등급은 점차 제8과 제9의 하등급으로 고정되었다. 그 사이에 적지 않은 부작용이 뒤따랐다. 조선왕조의 문란한 조세제도에는 세종의 책임이 적지 않다. 더구나 그는 새로운 제도로 전국의 토지를 일제히 조사하는 양전量田을 계속 미루기만 하였다. 그 역시 인구조사와 마찬가지로 저항이 큰 사업이었다. 세종은 필요에 따라 국부적으로 양전을 행하였을 뿐이다.

전국의 인구와 토지가 얼마인지에 대한 발본적인 조사는 그의 아들 세조에 의해 이루어졌다. 조카를 몰아내고 쿠데타로 집권한 세조는 군왕의 절대 권력을 확립함에 특별한 노력을 기울였다. 그의 강력한 개혁 의지는 백성에 대한 양반관료의 특권적 지배체제를 겨냥하였다. 세조는 기존의 호적을 모조리 불사른 다음 백지 상태에서 전국의 인구조사를 강행하였다. 그 결과 대략 130만 호에 800만 명의 인구를 확보하였다.[1] 전국 8도를 대상으로 한 대규모 양전이 이루어지는 것도 세조조의 일이다. 세조의 업적을 두고 당대인들은 누구도 엄두를 내지 못한 창업적 개혁이라고 평가하였다.[2] 세조가 조사해낸 인구와 토지는 이후 조선왕조의 재정과 지배체제를 반석에 올려놓았다. 나아가 세조는 양반관료에 지급하는 토지의 규모와 권리를 대폭 제한하였다. 이 일로 인해 세조는 신하들로부터 폭군이라는 불명예를 얻었다. 『세조실록』을 읽으면 사관들의 세조에 대한 비판이 독하기 그지없다.

세종은 결코 그런 무리를 범하지 않았다. 그의 통치는 주로 학술, 신분, 예제, 외교를 대상으로 했으며, 그 방면에서 업적을 남겼다. 전술한 대로 그가 정비한 예의 국제질서로서 국가체제는 이후 5세기를 뻗친 조선왕조의 기틀이 되었다. 한마디로 세종은 조선왕조를 양반의 나라로 만들었다. 양반의 일반 백성에 대한 신분적 특권을 보장했으며, 노비를 증식시켜 양반의 경제적 기반을 확충했으며, 유교 이념을 보급하여 양반 지배의 철학적 기초를 마련하였다. 그런 이유로 해서 세종은 치세 당대에 이미 그의 신하들로부터 성군이라는 칭송을 들었다.

현대 한국사학의 문제점

2016년 5월 나는 '세종은 과연 성군인가.'라는 제목의 인터넷 강의를 하였다. 이 책은 그때의 강의노트에 기초한 것이다. 많은 시청자들이 "처음 듣는 이야기이다," "노비 인구가 그렇게나 많았던가," "세종이 종모법을 제정하여 비의 자식을 모두 노비로 삼았다니, 그게 사실인가." 등의 반응을 보였다. 1960년대 이후 중·고등학교에 보급된 국사 교과서를 검토하면, 시청자들의 그 같은 반응이 조금도 이상하지 않음을 금방 알 수 있다. 역대 국사 교과서는 조선시대에 들어와 노비 인구가 증가했으며, 그렇게 된 데에는 세종의 종모법이 중요했다고 가르치지 않았다.

한국사 개설서에서도 사정은 마찬가지이다. 가장 널리 알려진 이기백李基白의 『한국사신론』은 노비의 인구비중에 대해 언급하고 있지 않다.[3] 근래에 널리 읽히는 한영우韓永愚의 『다시 찾는 우리역사』는 노비의 인구 비중이 약 3분의 1로 추정된다고 하면서도 조선시대에 들어 만민 평등사상의 보급으로 노비의 지위는 크게 개선되었다고 서술하고 있다.[4] 솔직히 말해 근거를 납득하기 힘든 주장이다. 잘 알려진 개설서의 형편이 이러하니 나의 인터넷 강의에 상당수의 시청자가 놀라고 당황한 것은 충분히 있을 만한 일이었다.

나는 현대 한국사학에 큰 문제가 있다고 생각한다. 비록 실패했지만 마르크스주의 역사학이 인류 지성사에 남긴 공적이 하나 있다면 경제의 근본적 중요성을 강조했다는 점이다. 마르크스에 의하면 경제는 사회구성의 하부구조로서 토대를 이룬다. 그 위에 정치, 종교, 예술과 같은 상부구조가 세워진다. 마르크스의 주장대로 하부구조가 과연 상부구조를 결정하는지는 의심스럽다. 어쨌든 경제가 어느 역사시대의 사회와 국가를 이해함에 있어서 다른 무엇보다 중요한 분야인 점은 부정하기 힘들다. 그럼에도 오늘날의 한국사 연구자들은 조선시대의 경제사에 대해 거의 알지 못하며 알려고도 하지 않는다. 바로 이 점이 세종에 대한 환상을 빚어낸 가장 큰 원인이다.

경제란 생산하고 분배하고 소비하는 인간관계를 말한다. 한국사 연구가 개시된 1930년대부터 역사학자들은 이 같은 경제사를 중시하여 적지 않은 연구 성과를 축적하였다. 그러한 연구 풍토는 1970년대까지 이어졌다. 돌이켜보면 그사이에 조선왕조의 성립과 더불어 농촌사회에 새로운 지배신분으로서 양반이 들어서고, 양반 지배 하의 노비 인구가 증가하고, 노비의 사회적 지위가 악화되고, 그 배경에 신분의 차별을 정당화하는 유교 이념이 있었다는 정도의 이해는 연구자

사회에선 일종의 상식과 같은 것으로 널리 공유되었다.

1980년대에 개시된 나의 연구 활동은 이 같은 기존의 성과를 계승하는 가운데 어떻게 해서 그런 일이 벌어졌는지를 농민의 가족·친족 형태와 그에 대한 국가의 지배체제의 변화라는 수준에서 해명하는 작업이었다. 그 결과, 앞서 소개한 대로, 14세기까지의 고려왕조는 공동체사회임에 비해 15세기 이후의 조선왕조는 양반-노비를 축으로 하는 신분제사회라는 설을 제출하기에 이르렀다.

반면에 한국사학의 주류는 경제사 연구로부터 사실상 철수한 바나 다름없음이 저간의 실정이었다. 그 결과 선행하는 연구성과가 거의 잊히거나 왜곡되었다. 한국사학의 주류는 조선왕조를 유교국가로 설정하고 그 국가체제의 근세적 합리성을 부각하는 데 힘을 기울였다. 조선왕조는 유교적 민본주의 이념에 입각한 일종의 민주주의 정치체제이며, 국왕과 신하의 권리는 상호견제의 균형을 이루었으며, 16세기 이후 중앙정치에서 나타난 당쟁은 일종의 정당정치였으며, 농촌사회는 성리학의 보급에 따라 민권 의식의 고양을 보게 되었다는 것 등등이 지난 한 세대 간 한국사학의 주류를 점해온 담론이었다. 예컨대 1980~1990년대 중·고등학교 국사 교과서는 조선시대를 '근세 사회'로 시대 구분하였다. 한영우의 『다시 찾는 우리역사』는 조선왕조를 '근세 관료국가'로 규정하고 있다. 그 시대의 유교적 문민정치의 전통과 유산이 현대 한국사회의 역사적 바탕을 이룬다는 취지에서이다.

이 같은 조선시대의 이해가 연구자들의 넓은 동의에 기초한 것은 결코 아니었다. 예컨대 2000년대 이후 새롭게 보급된 한국사 교과서에서 조선시대는 고려시대와 같은 시대로, 곧 '중세'로 구분되어 있다.[5] 이전 교과서와 비교할 때 실로 중요한 변화이다. 그럼에도, 내가 아는 한, 이를 두고 한국사학계가 진지하게 토론을 벌인 적은 없었다. 솔직히 지적해 오늘날의 한국사학은 조선시대의 이해에 있어서 진정한 의미의 주류라 할 만한 것을 성립시키지 못한 가운데 연구자마다 다른 생각으로 뒤죽박죽의 혼란상을 빚고 있다.

그렇게 된 이유는 다른 데 있지 않다. 역사학의 가장 중요한 분야인 경제사 연구를 방기하고 정치사와 문화사 연구로 경도된 가운데 유교국가 나름의 민본주의와 합리성을 관념적으로 부각시키다보니 그렇게 된 것이다. 그래서 인구의 30~40%가 무권리의 노비 신분으로 전락한 그 시대의 가장 중요한 역사적 변화에 관한 이해를 결여한 가운데, 엉뚱하게도 그 시대에 노비의 인권이 크게 개선되었다고 쓴 개설서까지 나오게 된 것이다. 예컨대 한영우의 개설서는 세종은 서민을 위한 사회복지정책에 힘을 기울였다고 하면서 비의 출산 휴가를 연장한 것을 그 한 가지 예로 들고 있다.[6] 그렇지만 세종이 종모법을 제정하여 비의 자식을 모두 노비 신분으로 돌리거나 기생의 역을 딸에게 세습시킨 조치를 떠올리면 과연 그렇게 이야기해서 좋을지는 큰 의문이 아닐 수 없다.

자유에 대한 상념

내가 살고 있는 이 나라 대한민국은 자유인의 공화국이다. 나는 대한민국의 국민으로서 자유인이다. 언젠가 나이 50을 넘겨 헌법을 읽었다. 1948년에 역사상 처음으로 민초들이 자유·보통선거로 대표를 뽑고 그들이 모여 제정한 건국헌법이다.[7] 3천만 생령이 자유롭고 평등하게 공화하며 살자고 체결한 큰 약속이다. 헌법 제2조는 "대한민국의 주권은 국민에게 있고 모든 권력은 국민으로부터 나온다."고 하였다. 제8조는 "모든 국민은 법률 앞에 평등하며, 성별, 신앙 또는 사회적 신분에 의하여 정치적, 경제적, 사회적 생활의 모든 영역에 있어서 차별을 받지 아니한다."고 하였다. 제9조는 "모든 국민은 신체의 자유를 가진다. 법률에 의하지 않고서는 체포,

구금, 수색, 심문, 처벌과 강제노역을 받지 아니한다."고 하였다. 문장도 좋지만 뜻이 너무 좋아 가슴이 울렁거렸다.

19세기까지 우리 조상들이 누리지 못한 자유의 선언이었다. 1910년 조선왕조가 패망한 것은 이 헌법을 만들지 못해서였다. 1895년 고종은 종묘에 나가 인민의 생명과 재산을 보호하는 법을 만들겠다고 서약하였다. 그가 그 약속을 지켰더라면 그 왕조는 지금도 국민의 존경을 받으며 건재할 터이다. 역사는 그 밝은 길을 걷지 못했다. 1899년 고종 황제는 대한제국은 만세불변의 전제정치라는 헌법을 제정하였다. 황제는 탐욕스럽게도 국가의 주권을 자기의 가산으로 움켜쥐었다. 불행하게도, 아니 당연하게도 그 왕조는 망했으며, 2천만 생령을 다른 민족의 노예로 넘겨주고 말았다. 나는 조선시대의 경제사 연구자이다. 오랫동안 노비문서를 뒤적이며 그 처절한 인간 예종의 역사를 공부하였다. 그런 나에게 1948년의 건국헌법은 이 같은 상념을 불러일으켰다.

자유의 기초조건은 두 가지이다. 하나는 신체의 자유이다. 누구도 누구의 신체를 소유할 수 없다. 노비나 노예 따위는 없다. 법률에 의하지 않고서는 구속되지 않음이 자유인의 신체이다. 거주, 사상, 종교, 언론, 출판, 결사 등 모든 자유가 이 신체의 자유에서 파생한다. 다른 하나는 재산권이다. 자유인이 자기 의지와 계산으로 노동하여 취득한 재산은 그 누구도 탈취하거나 처분할 수 없는 그의 절대적 권리이다. 재산이 없는 사람이 자유를 외치는 것은 웃기는 일이다. 노예나 농노들이 주인을 'My Lord'로 부르는 것은 "나에게 빵을 나누어 주는 자애로운 분"이란 뜻이다. 조선의 노비가 주인에 충성을 다한 것도 "회가 시려서," 곧 배가 고파서였다. 때문에 자유인은 많든 적든 자기 재산의 주체이어야 한다. 먹고살 만한 최소한의 재산은 인간을 세상에서 가장 행복한 사람으로 만든다. 근대 국가는 '소유권 절대의 원칙'과 '계약 자유의 원칙'에 입각한 민법을 제정하여 자유인의 재산권을 보호하고 있다. 민법은 인간을 신체의 자유와 재산권의 주체로서 자기 문제를 자율로 처결하는 '사적 자치의 주체'로 상정하고 있다.

자유인들의 경제체제가 어떠한 것인지는 근대 경제학을 창시한 애덤 스미스1723~1790가 잘 설명하였다. 그것은 자유시장경제이다. 노예나 농노는 자기 생산물에 대한 처분권이 없다. 주인이 노예나 농노의 생산물을 이리저리 나눈다. 따라서 노예제나 농노제 사회의 경제체제는 선물경제나 재분배경제가 지배적이다. 반면에 자유인의 생산물은 누구도 함부로 처분할 수 없다. 자유인은 자기의 생산물을 시장에 내다 팔고 필요한 물건을 시장에서 구입한다. 시장에 내놓은 물건이 팔릴지 말지는 경쟁에 의해 결정된다. 좋은 제품은 쉽게 팔리는 반면, 나쁜 제품은 팔리기 힘들다. 얼마에 팔릴지는 수요와 공급의 법칙이 결정한다. 물건이 흔하면 낮은 가격이고, 물건이 귀하면 높은 가격이다. 시장에서의 자유 경쟁과 교환은 소비자에게 질 좋은 제품을 적절한 양으로 공급하는 마술을 부린다. 시장은 질 좋은 제품에 보상을 하기 때문에 경제의 성장을 촉구한다. 좋은 제품을 만든 생산자는 성공의 대가로 재산과 명예를 얻는다. 그는 더 큰 재산과 명예를 위해 생산의 규모를 확대한다. 그 과정에서 일거리와 일자리를 창출하니 가난한 사람들이 덩달아 잘 살게 된다. 마을에 큰 부자가 생기면 마을사람들이 점점 부유해지는 현상을 두고 애덤 스미스는 '보이지 않는 손'이라 하였다.[8]

또한 자유인의 나라는 정치적으로 평화의 세상이다. 인류의 역사에서 모든 전쟁은 독재자들이 일으켰다. 독재자는 끊임없이 전쟁의 유혹을 느낀다. 전쟁에 따른 희생은 무권리의 백성이 치르는 반면, 전쟁의 과실은 오로지 그의 차지이기 때문이다. 반면 자유인의 공화국은 전쟁의 비용을 주권자인 국민이 치르기 때문에 침략을 받지 않은 이상 전쟁을 선택하지는 않는다. 전쟁보다 훨씬 좋은 것이 있으니 곧 자유통상이다. 자유통상은 전쟁 이상의 과실과 영예를 양 국민에게 안겨

[자료6] 애덤 스미스(왼쪽)와 임마누엘 칸트(오른쪽)

준다.

애덤 스미스에 이어 이 같은 생각을 전파함에 공로가 큰 사람이 철학자 임마누엘 칸트1724~1804이다. 그는 인류가 전쟁의 역사를 끝내고 영구히 평화롭게 번영하는 길은, 첫째 모든 나라가 입헌제든 공화제든 자유인의 나라로 되는 것, 둘째 사람들이 지구의 어느 곳도 자유롭게 방문하고 통상을 할 수 있는 것, 셋째 이 같은 질서를 세우고 감독하는 국제연합이 발달하는 것 세 가지라고 하였다. 이른바 칸트의 영구평화론이다.[9] 크게 말해 오늘날의 세계는 이 같은 스미스와 칸트의 가르침에 따라 영구평화와 영구번영의 길을 걷고 있다. 바로 그 길이 지난 18~20세기를 이끈 세계 지성의 주류였다. 1948년

대한민국이 성립하고 오늘날까지 그런대로 볼만한 성취를 이룩한 것은 그 세계사의 주류에 훌륭하게 올라탔기 때문이다. 누가 그 길을 인도하였는가.

그대는 자유인인가

어느 날 강의실에서 학생들에게 물었다. "그대는 자유인인가." 손을 드는 학생이 겨우 반이다. 한 번 더 물었다. 망설이다 손을 든 학생까지 합하여 3분의 2이다. 나머지 3분의 1은 끝내 손을 들지 않았다. 자유인이 아닌 학생이 그렇게나 많음에 나는 당황하였다. 며칠 뒤 다른 강의실에서 학생들에게 종이 한 장씩을 나눠주고 "한국인은 언제부터 자유인인가."에 대해 쓰게 하였다. 대략 50여 명이었다. 3분의 2의 학생이 민주화시대가 열린 1987년부터라고 하였다. 불과 2~3명의 학생이 1948년의 건국을 꼽았다. 나머지 학생은 한국인은 아직 자유인이 아니거나 불완전한 자유인이라고 하였다.

그렇게 오늘날 한국의 젊은이들에게 자유인으로서의 정체성은 그리 뚜렷하지 않다. 대한민국의 성립과 더불어 한국인은 자유인이 되었다는 역사인식은 그야말로 예외적이다. 일반적으로 한국의 젊은이들에게 1987년까지는 장기집권, 부정부패, 대외종속, 민족분단이 판을 치는 음울한 시대이다. 대다수의 국민은 자유를 누리지 못하였다. 극소수의 계층만이 자유를 특권으로 누렸다. 우리의 현대사를 그렇게 알고 있는 젊은이들에게 "그대는 자유인인가."라고 물으니 절반의 젊은이가 난처한 표정을 지을 수밖에 없다. "자유는 무슨 자유," "운명의 노예지," "나는 흙수저야," "헬, 조선" 하면서 냉소를 짓기도 한다.

앞서 소개한 대로 이 나라의 건국헌법은 그의 국민을 자유인으로 선언하였다. 다소간의 흠결이 없지 않았지만 이후 이 나라의 국민은 자유인으로서 그의 삶을 영위하였다. 그 역사가 거의 70년이다. 그럼에도 젊은이들의 자유인으로서의 정체성이 위와 같이 소극적이거나 부정적인 이유는 무엇인가. 그 같은 의문에서 나는 초·중·고등학교 사회과와 도덕과 교과서를 모두 검토해보았다. 의문은 쉽게 풀렸다. 그런 교과서로 배우면 그렇게 될 수밖에 없었다. 초등학교 교과서를 소개한다.

현대판 『소학小學』

1학년 『바른생활』은 내 일은 내가 챙기기, 바른 자세, 골고루 먹기, 가족의 소중함, 사이좋은 친구를 가르친다. 2학년이 되면 계획의 실천, 단정한 옷차림, 이웃 간의 예절, 공공질서, 정리정돈을 배운다. 3학년의 『생활의 길잡이』는 정직, 자주, 절제, 책임, 협동, 효도, 준법을 강조하며, 가정과 친구의 소중함을 일깨운다. 나라를 사랑하는 마음도 가르친다. 나라의 상징인 애국가, 태극기, 무궁화, 국경일을 소중히 여김이 나라 사랑이라고 한다. 4학년 교과서는 정직, 용기, 성실의 덕목을 깨우친다. 소개되는 위인은 이순신, 신사임당, 도스토옙스키 등이다. 자랑스런 우리나라에 대한 사랑이 다시 강조되고 있다. 나라를 사랑하는 길은 우리의 전통과 문화를 소중히 지키는 것이라고 한다.

5학년 교과서는 거듭 성실, 정직, 최선, 관용, 노력, 반성, 계획, 실천, 우정, 봉사, 화해, 양보, 질서, 협동의 미덕을 강조하고 있다. 드디어 통일교육이 시작된다. 남과 북은 하나이며, 통일은 한 가족이 되는 것이다. 그래서 북한을 사랑하고 이해하고 더불어 살아가는 지혜를 배워야 한다고 가르친다. 마지막 6학년 교과서는 꿈, 자긍심, 성실, 근면, 희망, 책임,

도전, 용기, 봉사, 배려, 법과 규칙, 정의, 사랑, 자비, 용서, 평화, 비폭력의 미덕을 종합적으로 강조한 다음, 통일 한국을 위한 바람직한 방안을 다시 한 번 강조한다. 전쟁과 힘으로는 통일할 수 없다고 다시 한 번 일깨운다.

나는 교과서들이 우리 조상이 소년기에 읽은 『동몽선습童蒙先習』이나 『소학小學』의 현대판이라는 느낌을 받았다. 세계사적으로 '근대'라고 부르는 문명의 기초 요소를 결여하고 있기 때문이다. '사적 자치의 주체'로서 개인, 개인의 자유와 독립, 그 기초조건으로서 신체의 자유와 재산권, 자유인의 정치적 통합으로서 민주공화국, 자유인의 경제체제로서 시장경제, 자유인의 국제질서로서 자유통상 등은 어느 교과서 어디에도 그림자조차 비치지 않는다. 교과서 어디에도 '대한민국'이란 네 글자를 찾을 수 없다.[10] 아이들에게 이 나라는 불쌍하게도 이름이 없다. 이 나라가 과연 자유인의 공화국인지, 나라의 기초 이념이 무엇인지, 언제 어떻게 세워졌는지에 대한 최소한의 설명도 없다. 이 나라는 그저 애국가, 태극기, 무궁화, 이순신으로 상징되는 민족 문화, 전통, 위인으로만 감각되고 있을 뿐이다.

중·고등학교 교과서로 올라가도 사정은 마찬가지이다. 18~20세기 세계 지성사의 주류를 이끈 자유 이념의 역사, 그

속에서 우리 한국인의 역사는 어떠한 길을 더듬었는지에 대한 성찰을 완벽하게 결여하고 있다. 고등학교 윤리과 교과서는 엉뚱하게도 "인간은 과연 자유의 존재인가."라는 사변적 질문을 제기하고 있다. 운명의 노예일 수도 있다는 취지이다. 나는 아이들에게 자유인으로서의 생활윤리를 가르치지 않은 공교육은 더없이 큰 재앙이라고 생각한다. 자유의 기초조건은 노동이며, 모든 노동은 고귀하며, 직업에는 귀천이 없으며, 법적으로 성년이 되면 정신적으로나 물질적으로 독립해야 한다고 가르치지 않으니, 그러고선 그 내용을 알 수 없는 정직, 정의, 성실, 꿈, 희망, 박애를 되풀이 주입하니, 대다수의 아이들이 갈 길을 찾지 못하고 헤맬 수밖에 없다. "그대는 자유인인가."라는 질문에 절반의 젊은이들이 냉소적인 반응을 보이는 것은 그들이 공교육 12년 과정에서 자유를 완벽하게 결여한 재앙의 교육을 받았기 때문이다.

문명사의 대전환

1948년 8월 15일 오전 11시 대한민국의 독립을 세계에 선포하는 식전이 중앙청 광장에서 성대하게 열렸다[자료7]. 초대

[자료7] 대한민국 정부수립 기념식

대통령 이승만은 이 새로운 나라의 정치체제는 민주주의라고 하면서 다음과 같이 연설하였다.

> 민권과 개인 자유를 보호할 것입니다. 민주정체民主政體의 요소는 개인의 근본적 자유를 보호하는 것입니다. 국민이나 정부는 항상 주의해서 개인의 언론과 집회와 종교와 사상 등 자유를 극력 보호해야 될 것입니다. 우리가 40여 년 동안을 왜적의 손에 모든 학대를 받아서 다만 말과 행동뿐 아니라 생각까지도 자유로 하지 못하게 되었던 것입니다. 그러나 이것은 우리민족이 절대로 싸워온 것입니다. 우리는 개인 자유활동과 자유판단권을 위해서 쉬지 않고 싸워온 것입니다.[11]

당시 연설문 중의 '개인의 근본적 자유'가 무엇인지 알아들은 국민은 얼마나 되었을까. 전통 성리학의 세계에서 '개인'은 없었다. 임금이 있으면 신하가 있고, 아버지가 있으면 아들이 있고, 남편이 있으면 아내가 있고, 주인이 있으면 노비가 있었다. 충, 효, 제, 자, 경과 같은 윤리로 통합되는 상하 신분의 도덕사회였다. 국가도 근대적 의미의 독립국가가 아니었다. 이 책에서 힘주어 설명했듯이 조선왕조의 국가체제는 천자를 정점으로 하는 예의 국제질서로 존재하였다. 그러한 사회와 국가에서 자유롭고 독립적인 '개인'이란 범주가 들어설 여지는 없었다. 그 왕조가 망한 지 겨우 38년이었다. 그 사이 생겨난 '개인'은 대부분의 집에서 아직 문턱도 넘지 못한 어린아이 상태였다.

이승만 대통령은 우리가 지난 40여 년간 왜적과 쉬지 않고 싸운 것은 개인의 자유활동과 자유판단권을 위해서였다고 강조하였다. 우리가 무엇 때문에 독립운동을 하였던가. 그저 "대한 독립 만세!"가 아니었다. "만국의 노동자여, 단결하라!"는 더욱 아니었다. 다름 아닌 '개인의 근본적 자유'를 위해서였다. 자유인의 공화국을 건설하기 위해서였다. 1942년 이승만은 워싱턴에서 개최된 한인자유대회에서 "우리는 우리의 독립을 회복해달라고 누구에게도 요구하지 않는다. 우리는 자유를 위해 싸울 것이고 싸울 준비가 되어 있다."고 소리쳤다.[12] 그는 열강에게 독립을 구걸하지 않았다. 국제사회의 정의에 입각하여 부당하게 빼앗긴 우리의 자유를 돌려달라고 주장했을 뿐이다. 민족 회생의 당위와 방략을 이같이 설파한 독립운동가가 몇이나 더 있는지 나는 알지 못한다.

그 '개인의 근본적 자유'는 어디서 어떻게 생겨난 것인가. 전통 성리학의 세계에서 생겨난 것은 아니다. 이 책을 주의 깊게 읽은 독자는 이제 그 점에 동의하실 터이다. 조선왕조만이 아니었다. 중국을 중심으로 한 유교문명권 전반에서 개인의 자유라는 정치철학의 범주는 결여되었다.[13] 그것은 하늘이 달라져야 보이는 새로운 유형의 인간이었다. 서양도 종교개혁 이후에야 그것을 알게 되었다. 그러고선 세계를 주도하는 선진문명으로 올라서기 시작하였다.

그 개인과 자유의 유래에 대해 이승만 대통령은 다음과 같이 연설하였다. 위 인용문에 후속하는 대목이다.

> 우리를 압박하는 왜적은 그들의 전제정치를 고집하였으므로 우리의 민주주의를 주장하는 마음은 더욱 굳어져서 (중략) 모든 일에 서양민주국의 방식을 모범으로 하여 우리의 공화적 사상과 습관을 꾸준히 발전시켜왔으며, 그 민주주의와 공화주

의가 30년 동안에 뿌리를 깊이 박아 지금의 결실을 보게 된 것입니다.[14]

초대 대통령은 신생 대한민국의 기초가 되는 정치이념이 서양민주국에서 유래했음을 숨기지 않았다. 이후 지금까지 어느 정치가도 역사와 국민 앞에서 이렇게까지 정직해본 적은 없었다. 이 나라는 서양민주국을 모범으로 하여 1919년 3·1운동 이후 민주주의와 공화주의를 꾸준하게 실천해온 결과로 세워진 나라이다. 이 나라는 앞으로 자유인의 공화국으로 발전해갈 것이다. 그것이 우리가 갈 길이다. 그 같은 건국 대통령의 각오는 이후에도 여러 차례 천명되었다. 1954년 7월 3일 이승만 대통령은 미국의 독립기념일을 축하하는 메시지를 보냈는데, 다음과 같은 내용이었다.

미국도 원래 식민지 탄압에 신음하였다. 미국의 독립은 타국의 영토와 민족을 지배하던 낡은 제국주의를 근멸시키고 수만리 밖의 피억압 민족을 해방시키는 모범이 되었다. 그래서 오늘날 미국은 자유와 정의의 이름으로 세계 모든 국가와 국민을 대변하고 있다. 우리 한국 국민은 미국의 독립기념일을 맞이하여 그간 미국의 도움에 감사함과 아울러 우리도 독립과

자유의 정신을 앙양해갈 것이다.[15]

여기에 나타난 미국에 대한 감사와 찬사를 약소국이 강대국에 바치는 외교적 수사라 생각하면 큰 착각이다. 그것은 이승만의 평생에 걸친 독립운동과 건국투쟁을 관철한 자유와 정의에 대한 신종서약이었다. 이 나라는 미국과 같은 자유인의 공화국으로 발전해갈 것이다. 상이한 이해관계의 인간들을 신뢰와 통합으로 이끄는 삶의 원리에 있어서 더없이 큰 변화의 선언이었다. 2천 년을 이어온 한국 문명사의 대전환이었다.

환상의 성립

1948년이면 초대 대통령의 지적대로 한국인이 민주주의와 공화주의를 알고 실천한 지 30년이다. 그 30년의 적공積功으로 대한민국이란 열매가 맺어졌다는 초대 대통령의 주장은 솔직히 말해 선의의 과장이었다. 역사는 그렇게 짧은 기간에 그렇게 큰 변화를 허용하지 않는다. 어느 방향의 역사적 변화가 질적으로 성숙 상태에 이르기까지는 수 세대의 시행착오가 요구된다. 외래문명의 도전을 맞아 전통사회가 보이는 대응은 실로 복잡 다양하다. 성공적인 대응을 위해서는 도전과 위기의 본질을 이해하고 전환의 방향을 올바로 설정하는 '창조적 소수'의 역할이 필수적이다. 모래알과 같은 대중이 그 같은 역할을 직접 감당할 수는 없다.

'창조적 소수'는 전통사회가 남긴 역사적 유산을 계승하고 새로운 형태로 변용하지 않으면 안 된다. 그렇지 않고서는 대중을 이해시킬 수도 없고, 대중에 대한 정치적 지도력도 유지할 수 없다. 이런 일은 정말이지 쉽지 않다. 그러기 위해서는 외래문명과 친화적인 전통사회의 유산이 어느 정도 축적되어 있어야 하는데, 모든 나라가 다 그런 상태는 아니었다.[16] 전통문명과 외래문명이 지나치게 이질적이거나 간격이 클수록 '창조적 소수'의 역할은 힘들어지거나 아예 불가능해진다. 많은 후진국에서 근대화의 역사가 뒤죽박죽인 것은 이 때문이다.

20세기의 한국사는 전통 유교문명에 외래 근대문명이 이식되는 과정이었다. 두 문명이 충돌하고 경쟁하고 상호 변용하는 과정이었다. 앞으로도 장기 지속할 이 전환이 어떠한 귀결을 맞을지, 과연 훌륭한 접합으로 이어질지 여부는 예단하기 힘들다. 성공적인 전환을 방해하는 세력은 개인의 자유를 경원시하거나 그에 적대적인 사조로서 민족주의, 사회주의, 국가주의 등이다. 두 문명이 충돌하는 과정에서 이런 것들이 생겨나거나 유입되었다. 이승만 대통령을 위시한 건국의 주체세력은 4·19를 맞아 역사의 무대에서 퇴장하였다. 그들은 장기집권과 부정부패의 오명을 뒤집어썼다. 그와 함께 자유인의 공화국이 세워진 건국 사건에 대한 기억도 점차 희미해졌다. 그 같은 정치적 변화는 건국의 주체들이 이식하고자 했던 가치와 이념이 그에 저항하는 힘에 비해 얼마나 취약했던가를 반증하고 있다.

그럼에도 건국의 주체가 선택한 자유통상의 경제체제는 이후 50년간 미국 헤게모니의 세계체제 속에서 엄청난 물질적 성취를 이룩하였다. 역설적이게도 그사이 이 나라 국민은 건국의 선인들이 그 같은 경제체제를 선택하게 만든 자유 이념이나 세계사의 배경에 대해 점점 무지해졌다. 경제성장은 민족중흥의 깃발로 추진되었으며, 민족의 우수한 역량으로 설명되었다. 개인과 그의 자유는 천박하게 들리는 이기심에 대한 매도와 더불어 슬슬 위축되었다. "개인의 자유? 그런 것은 원래부터 있던 거야." "우리의 도덕적 개인은 서양의 이기적 개인보다 훌륭해." 앞서 소개한 유교국가론의 대두와 더불어 이런 이야기가 들리는가 싶더니 어느덧 세종의 애민정치가

한국 민주주의의 역사적 원류로 선양되기 시작하였다.

나는 이 같은 현대 한국의 지적 동향이 어떠한 결말을 보게 될지 두려운 마음으로 이 글을 쓰고 있다. 전통문명이 남긴 유산은 크고 무겁다. 나는 이 책에서 세종을 성군으로 받드는 정신문화의 동향이 우리가 선진문명으로 전진함에 있어서 밑거름으로 역할을 할 개인의 자유와 얼마나 거리가 먼 것인가를 밝히려고 노력하였다. 그렇지만 그 환상이 쉽게 거두어지리라고 기대하지 않는다. 세종은 양반의 나라 조선왕조의 성군이었다. 그 성군이 현대 한국인에게도 여전히 성군인 것은 개인의 자유에 저항하는 민족, 계급, 민중이랄까 집단주의의 힘이 드세기 때문이다. 그 힘은 정치적이다. 일개 역사가가 실증의 이름으로 극복할 수 있는 장애는 아니다. 그래서 어떠한 결말을 보게 될지 두렵다고 한 것이다.

세종을 성군으로 받드는 환상은 본질적으로 반개인적, 반과학적, 반근대적이다. 우리는 우리를 지배하는 온갖 환상이 생겨난 정신문화의 역사를 보다 엄밀하게 파고들지 않으면 안 된다. 세종이 창출한 예의 국제질서로서 국가체제는 조선왕조 500년에 걸쳐 정치와 외교를 넘어 사회와 정신생활의 구석구석으로 스며들어 그에 상응하는 문화적 유전자를 생성하였다. 그 유전자는 오늘날에도 여전히 한국인들의 삶의 원리, 생애 전략, 사회 계약, 정치 활동을 규정하는 규범으로 살아 있다. 그러한 문제의식에서 '환상의 나라' 시리즈 제2책 『호수는 어디에』는 현대 한국인의 국토 감각과 그에 배인 세계관, 그 환상을 다룰 것이다. 기대해주시길 바란다.

주

1. 한국사 제1의 위인

1. 조남욱(2015), 『성군 세종대왕』, 새문사, 198, 346쪽.

2. 세종과 노비제

1. 에드워드 와그너 저, 이훈상·손숙경 역(2007), 『조선왕조 사회의 성취와 귀속』, 일조각, 34~53쪽.
2. 李榮薰(1998), 「한국사에 있어서 奴婢制의 추이와 성격」, 歷史學會 編, 『노비·농노·노예— 隸屬民의 比較史 —』, 一潮閣, 364~365쪽.
3. 宋洙煥(2000), 『朝鮮前期 王室財政 硏究』, 集文堂, 366쪽.
4. 李榮薰(1987), 「古文書를 통해 본 朝鮮前期 奴婢의 經濟的 性格」, 『韓國史學』 9, 100~108쪽.
5. Kenneth M. Stampp(1956), *The Peculiar Institution: Slavery in the Ante-Bellum South*, New York, Alfred A. Knopf, pp.29~31; Robert W. Fogel(1989), *Without Consent or Contract, Vol.1, The Rise and Fall of American Slavery*, New York, Norton, p.185.
6. 文叔子(2004), 『조선시대 재산상속과 가족』, 景仁文化社, 191~193쪽.
7. 『태종실록』 5년 9월 6일. 이후 왕족이 비첩과 관계하여 출생한 아이에

대해서는 예외 규정이 만들어졌는데, 그에 대해서는 자세하게 논하지 않는다.

8. 李榮薰(1987), 「古文書를 통해 본 朝鮮前期 奴婢의 經濟的 性格」, 124~130쪽.
9. 『세조실록』 2년 8월 13일.
10. 『瑣尾錄』 上, 國史編纂委員會, 370쪽.
11. 金錫亨(1993), 『朝鮮封建時代 農民의 階級構成』, 신서원, 77~78쪽.
12. Orlando Patterson(1982), *Slavery and Social Death: A Comparative Study*, Harvard University Press, pp.141~144.
13. 김성우(2001), 『조선중기 국가와 사족』, 역사비평사, 133~137쪽.
14. 韓國精神文化研究院(1986), 『古文書集成 —海南尹氏篇 —』 三, 366쪽.
15. 李樹健 編著(1981), 『慶北地方古文書集成』, 嶺南大學校出版部, 424쪽.
16. 李榮薰(1998), 「한국사에 있어서 奴婢制의 추이와 성격」, 363~364쪽.
17. 『經國大典』 刑典 推斷.
18. 『增補文獻備考』 中(影印本), 904쪽.
19. 宋洙煥(2000), 『朝鮮前期 王室財政 研究』, 357~393쪽.
20. 李榮薰(1998), 「한국사에 있어서 奴婢制의 추이와 성격」, 342~362쪽.
21. 이영훈(2016), 『한국경제사』 I, 일조각, 247~259쪽.
22. 이영훈(2016), 『한국경제사』 I, 347~392쪽.
23. 『宋高僧傳』卷4 唐新羅國義湘傳.

24. Ellen Salem(1978), *Slavery in Medieval Korea*, Columbia University, p.140; 盧明鎬(1998), 「한국 奴婢에 대한 비교사적 試論」, 歷史學會 編, 『노비·농노·노예—隸屬民의 比較史—』, 9쪽; 李榮薰(1998), 「한국사에 있어서 奴婢制의 추이와 성격」, 357쪽.

25. 洪承基(1983), 『高麗貴族社會와 奴婢』, 一潮閣, 36~37쪽.

26. 池承鍾(1995), 『朝鮮前期奴婢身分研究』, 一潮閣, 11~13쪽.

27. 池承鍾(1995), 『朝鮮前期奴婢身分研究』, 15~16쪽.

28. 『태종실록』 14년 6월 27일.

29. 『세종실록』 2년 9월 13일.

30. 『大明律』 刑律 干名犯義.

31. 『세종실록』 4년 2월 3일.

32. 『經國大典』 刑典 告尊長.

33. Orlando Patterson(1982), *Slavery and Social Death: A Comparative Study*, pp. 38~45.

34. 李榮薰·梁東烋(1998), 「朝鮮 奴婢制와 美國 黑人奴隸制: 比較史的 考察」, 『經濟論集』 37-2·3, 서울대학교 경제연구소, 302쪽.

35. 『大明律』 刑律 奴婢毆家長.

36. 『세종실록』 16년 6월 8일.

37. 『세종실록』 8년 12월 8일.

38. 『세종실록』 26년 윤7월 24일.

39. 『성종실록』 9년 1월 23일.

40. 『세종실록』 14년 3월 15일.

41. 『세종실록』 14년 3월 26일.

42. 『단종실록』 2년 5월 8일. 이상의 경과에 대해 보다 자세하게는 池承鍾, 『朝鮮前期奴婢身分研究』, 10~24쪽을 참조.

43. 『經國大典』 刑典 公賤.

44. 『성종실록』 16년 7월 24, 28, 29일, 8월 5, 17, 30일.

45. 『중종실록』 9년 2월 3일.

46. 『千一錄』 奴隸.

47. 『見睫錄』 卷6 娼妓 附 奴婢.

48. 『선조실록』 24년 2월 8일, 25년 5월 23일.

49. 『千一錄』 奴隸.

50. 『성종실록』 15년 8월 3일, 9월 18, 29일.

51. 文叔子(2008), 「16~17세기 兩班家 노비 가족의 존재 형태—固城李氏 臨淸閣 分財記 분석을 통하여—」, 『古文書研究』 32, 162~168쪽.

52. 이영훈(2016), 『한국경제사』 I, 386~387쪽.

53. 『東野彙輯』 卷1 覆畫舸揮椎除惡.

54. 李明學(1989), 「『金氏南征記』에 대하여」, 『大東文化研究』 99, 29~37쪽.

55. 鄭俊植(1999), 「推奴系 小說의 葛藤樣相과 小說史的 意義」, 『고소설연구』 7, 205~250쪽; 정준식(2012), 「「부용담」의 형성 기반과 자료적 가치」, 『語文學』 118, 213~230쪽.

56. 平木實(1982), 『朝鮮後期奴婢制研究』, 知識產業社, 153~174쪽.

57. 全炯澤(1989), 『朝鮮後期奴婢身分研究』, 一潮閣, 188~201, 210~219쪽.

58. 權泰煥·愼鏞廈(1977), 「朝鮮王朝時代 人口推定에 關한 一試論」,

『東亞文化』 14, 326~327쪽.

59. 『均役廳病國論』 國立中央圖書館 일산古 605-3.

60. 李榮薰(1998), 「한국사에 있어서 奴婢制의 추이와 성격」, 403~405쪽.

61. 李榮薰(2000), 「18-19세기 奴婢 世襲原理의 변화—江原道 原州牧 權氏 兩班家의 事例分析—」, 『李樹健敎授停年紀念 韓國中世史論叢』, 714~731쪽.

62. 李榮薰(1998), 「한국사에 있어서 奴婢制의 추이와 성격」, 401~417쪽.

63. 『星湖僿說』 卷12 人事門 祭奴文.

64. 임학성(2005), 「17~19세기 星湖 일가의 戶籍 관련 古文書—서울대학교 奎章閣 소장 자료를 중심으로—」, 『성호학보』 1, 252~255쪽.

65. Martina Deuchler(2015), *Under the Ancestors' Eyes*, Harvard University Asia Center, p.469.

66. 李榮薰(2000), 『韓國 市場經濟와 民主主義의 歷史的 特質』, 韓國開發硏究院, 45~46쪽.

67. 여기서는 주로 『장흥보전』을 소개한다. 김진영·김현주 역주(1997), 『흥보전』, 박이정, 43~165쪽.

3. 세종과 기생제

1. 『瑣尾錄』 下, 122쪽.

2. 이영훈(2000), 「노비의 혼인과 부부생활」, 한국고문서학회 편, 『조선시대생활사』 2, 역사비평사, 102~103쪽.

3. 이상원(2012), 『노비문학산고』, 국학자료원, 49~50쪽.

4. 『見睫錄』 卷6 娼妓 附 奴婢.

5. 『自著』 卷14 傳 善山二烈女; 『孤山集』 卷2 詩; 『東國詩話彙成』.

6. 『默齋日記』 1553년 8월 17일.

7. 이상 향복 이야기의 출처는 1998년 국사편찬위원회가 간행한 이문건의 『默齋日記』이다.

8. 『默齋日記』 1559년 3월 10일.

9. 『眉巖日記』 1569년 12월 26일.

10. 『亂中日記』 丙申 9월 19일.

11. 『亂中日記』 丙申 3월 9일.

12. 『高麗史』 列傳 卷9 金仁存.

13. 李榮薰(1998), 「한국사에 있어서 奴婢制의 추이와 성격」, 322~323쪽.

14. 『支巖日記』 1692년 7월 21일.

15. 『高麗史』 世家 成宗 13년 9월.

16. 李能和(1927), 『朝鮮解語花史』, 東洋書院, 1쪽.

17. 『高麗史節要』 睿宗 11년 12월.

18. 『高麗史節要』 忠烈王 5년 11월.

19. 왕서노王書奴 저, 신현규申鉉圭 편역(2012), 『중국창기사』, 어문학사.

20. 『高麗史節要』, 忠烈王 25년 5월.

21. 『三國史記』 新羅本紀 眞興王 37년에 의하면 원화가 해체된 뒤 화랑이 창설되었다. 화랑은 미모의 소년을 여인으로 화장한 것이다. 충렬왕의 남장은 화랑과 역이지만 발상은 동일하다.

22. 『高麗史節要』 神宗 6년 7월.

23. 『태종실록』 3년 6월 29일.

24. 『태종실록』 13년 8월 30일.

25. 『태종실록』 13년 9月 11일.

26. 『高麗史節要』 高宗 3년 9월.

27. 『세종실록』 17년 5월 25일.

28. 『세조실록』 9년 윤7월 4일.

29. 『高麗史節要』 禑王 11년 4월.

30. 『태종실록』 18년 3월 27일.

31. 『세종실록』 1년 4월 14일.

32. 『經國大典』 禮典 選上.

33. 정연식(2005), 「조선시대 妓役의 실태」, 『國史館論叢』 107, 1~27쪽.

34. 『세종실록』 10년 3월 2일.

35. 『세종실록』 13년 1월 10일.

36. 이후 왕족과 양반관료가 서울에서 오랫동안 데리고 산 기첩 소생의 천인 신분을 면하는 절차가 엎치락뒤치락하면서 마련되었는데, 그에 관해서는 언급하지 않는다.

37. 『세종실록』 13년 11월 6일.

38. 『세종실록』 18년 12월 17일.

39. 이와 관련해서는 왕서노王書奴 저, 신현규申鉉圭 편역(2012), 『중국창기사』를 참조하시오.

40. 『세종실록』 21년 4월 5일.

41. 『세종실록』 12년 7월 28일.

42. 禹仁秀(1997), 「『赴北日記』를 통해 본 17세기 出身軍官의 赴防生活」, 『韓國史研究』 96, 35~73쪽.

43. 문숙자(2009), 『68년의 나날들, 조선의 일상사』, 너머북스, 83~85쪽.

44. 『盧尙樞日記』 2, 國史編纂委員會, 421쪽.

45. 『盧尙樞日記』 2, 472쪽.

46. 『仁祖實錄』 1년 3월 23일.

47. 『續大典』 禮典 選上.

48. 『經國大典』 刑典 賤妾.

49. 『續大典』 刑典 贖良. 실제로 공천의 대구속신제는 노비제 해체의 추세에 따라 17세기 중엽 이래 관행적으로 행해지고 있었다. 『속대전』은 그것을 공식화하였을 뿐이다.

50. 丁若鏞, 『牧民心書』, 吏典六條 馭衆.

51. 『乾隆十五年五月日 營奴婢官案』(奎古 4652-11).

52. 『乾隆五十一年七月 營奴婢官案』(奎 21857).

53. 李圭景, 『五洲衍文長箋散稿』 經史篇5 論史 華東妓源辨證說.

54. 『營奴婢官案』(奎 27147).

55. 안민영 원저, 김신중 역주(2003), 『역주 금옥총부』, 박이정, 153쪽.

56. 신경숙(2004), 「19세기 일급예기의 삶과 섹슈얼리티—의녀 옥소선을 중심으로—」, 『사회와 역사』 65, 41~73쪽.

57. 박기주의 조사에 의하면 1840년대의 물가지수를 100으로 할 때, 1790년대는 109, 1860년대는 205이다. 박기주(2004), 「재화가격의 추이, 1701-1909」, 이영훈 편, 『수량경제사로 다시 본 조선후기』, 서울대학교

출판부, 223쪽.

58. 정연식(2004), 「춘향전 ― 가공의 현실에 투영된 꿈 ―」, 『역사비평』 67, 284~306쪽.

59. 김진영·김현주·김희찬 편저(1997), 『춘향전 전집』 1, 박이정, 11~175쪽.

60. 김진영·김현주·김희찬 편저(1997), 『춘향전 전집』 1, 91, 93쪽.

4. 세종과 사대주의

1. 울루스는 몽골어로 국가 또는 백성이란 뜻이다.

2. 양동휴(2014), 『유럽의 발흥 ― 비교경제사 연구 ―』, 서울대학교출판문화원, 36~42쪽.

3. 김호동(2010), 『몽골제국과 세계사의 탄생』, 돌베개, 125~129쪽.

4. Jack Weatherford(2004), *Genghis Khan and the Making of the Modern World*, Crown and Three Rivers Press, pp.234~236.

5. 김호동(2010), 『몽골제국과 세계사의 탄생』, 201~243쪽.

6. 윤은숙(2010), 『몽골제국의 만주 지배사』, 소나무, 272~277쪽.

7. 『태조실록』 총서.

8. 윤은숙(2010), 『몽골제국의 만주 지배사』, 281쪽.

9. 윤은숙(2010), 『몽골제국의 만주 지배사』, 304~313쪽.

10. 김호동(2010), 『몽골제국과 세계사의 탄생』, 201~219쪽.

11. 『태조실록』 2년 2월 15일.

12. 盧泰敦(1988), 「古朝鮮 중심지의 변천에 대한 연구」, 『韓國史論』 23, 31~36쪽.

13. 『高麗史』 世家 太祖 16년 3월.

14. 『高麗史』 世家 文宗 9년 7월, 忠肅王 12년 10월, 恭愍王 2년 9월.

15. 『高麗史』 世家 太祖 總序 宣宗 3년 2월.

16. 노태돈(2014), 『한국고대사』, 경세원, 122쪽.

17. 『高麗史』 世家 辛禑 14년; 『태조실록』 6년 3월 8일.

18. 『高麗史』 志 禮一 吉禮 大祀 圜丘.

19. 한형주(2000), 「조선초기 국가제례 연구」, 고려대학교 사학과 석사학위 논문, 21쪽.

20. 『태종실록』 16년 6월 1일.

21. 『세종실록』 1년 6월 7일.

22. 『세종실록』 20년 12월 19일, 21년 7월 5일.

23. 『세종실록』 25년 7월 10일, 26년 7월 20일, 31년 7월 4일.

24. 『세종실록』의 말미에 실린 五禮를 말한다. 오례는 吉禮, 嘉禮, 賓禮, 軍禮, 凶禮로 이루어졌다. 세종조의 오례는 미완성으로서 1474년 성종 5년에 편찬된 『國朝五禮儀』에서 완성되었다.

25. 『세종실록』 9년 7월 21, 28일.

26. 『세종실록』 17년 4월 26일.

27. 『세종실록』 10년 11월 11일.

28. 『세종실록』 25년 2월 27일, 30년 3월 3일.

29. 이영훈(2016), 『한국경제사』 I, 219~222쪽.

30. 『高麗史』 志 禮6 軍禮 遣將出征儀.

31. 『세종실록』 15년 2월 24일.

32. 『세종실록』 15년 3월 16일.

33. 『高麗史』 志 禮6 凶禮 國恤.

34. 임민혁(2013), 「조선초기 『국조오례의』 흉례의 구조와 의례적 성격」, 『역사와 실학』 50, 16~17쪽.

35. 『高麗史』 志 禮6 凶禮 五服制度.

36. 『세종실록』 14년 4월 17, 18일.

37. 『태조실록』 2년 11월 28일, 7년 12월 29일; 『世宗實錄』 11년 4월 4일.

38. 『經國大典』 禮典 五服.

39. 당시 군사라 함은 甲士와 內禁衛 등 장교의 군직을 맡은 자로서 농촌에서 정기적으로 상경하여 왕궁을 시위하는 品官이 그 중심을 이루었다.

40. 『성종실록』 3년 7월 13일.

41. 李範稷(1989), 「國朝五禮儀의 成立에 대한 一考察」, 『歷史學報』 122, 20~22쪽.

42. 맨 아래의 천 신분에겐 가례가 없었다.

43. 『經國大典』 禮典 奉祀.

44. 『禮記』 王制에 따르면 天子는 7대, 諸侯는 5대, 大夫는 3대, 士는 1대를 봉사하였다. 조선왕조의 최초 법전 『經濟六典』도 이에 따랐다. 반드시 같지 않지만 『경국대전』의 봉사 규정은 이에 준하였다. 김시덕(2016), 「奉祀代數」, 『한국일생의례사전』(국립민속박물관) 참조.

45. 정광(2015), 『한글의 발명』, 김영사.

46. 『세종실록』 26년 2월 2일.

47. 이정명(2015), 『뿌리 깊은 나무』 1·2, 은행나무.

48. 정다함(2013), 「"中國듕귁"과 "國之語音나라말씀"의 사이 ―鮮初 漢文·漢吏文·漢語와 訓民正音의 관계성을 중심으로―」, 『비교문화』 60, 255~280쪽.

49. 『태조실록』 6년 12월 18일, 『세종실록』 15년 10월 24일, 25년 8월 8일.

5. 대한민국은 자유인의 공화국이다

1. 이영훈(2016), 『한국경제사』 I, 354쪽.

2. 『성종실록』 즉위년 12월 4일.

3. 李基白(1994), 『新修版 韓國史新論』, 一潮閣, 254~255쪽.

4. 한영우(1997), 『다시 찾는 우리역사』, 경세원, 243쪽.

5. 이 점을 명확히 하고 있는 교과서로서 정재정 외(2010), 『고등학교 한국사』, 지학사, 73쪽을 참조.

6. 한영우(1997), 『다시 찾는 우리역사』, 225쪽.

7. 흔히들 '제헌헌법'이라 하는데 '헌' 자가 중복되어 마땅치 않다. 나는 이 헌법으로 대한민국이 세워졌으므로 '건국헌법'이라 부른다.

8. 애덤 스미스 저, 박세일·민경국 역(1996), 『도덕감정론』, 비봉출판사, 344~347쪽; 애덤 스미스 저, 김수행 역(2003), 『국부론』(상), 비봉출판사, 552~553쪽.

9. 임마누엘 칸트 저, 이한구 역(2008), 『영구평화론: 하나의 철학적 기획』, 서광사; 폴커 게르하르트 저, 김종기 역(2007), 『다시 읽는 칸트의 영구평화론』, 백산서당.

10. 교과서 표지를 넘기면 "국기에 대한 맹세"가 나온다. '대한민국' 네 글

자는 그 상투적인 인용에서 한 차례 나올 뿐이다.

11. 「京鄕新聞」, 1948년 8월 18일.

12. *Korean Liberty Conference*(1942), Washington D.C., Cover Page.

13. 이종은(2011), 『평등, 자유, 권리』, 책세상, 432~449쪽.

14. 「京鄕新聞」, 1948년 8월 18일. 신문 기사에 다소 간의 불통이 있어서 약간 수정하였다.

15. 이영훈(2007), 『대한민국 이야기』, 기파랑, 220쪽.

16. 한국의 전통사회는 양반-상민-노비의 신분제를 극복하는 과정에서 근대적 개인에 준하는 인간형을 성숙시켰다. 나는 그러한 역사적 성취를 17~19세기에 걸친 '소농 자립'의 역사로 이해하고 있다. 그것 없이는 20세기 한국사를 설명할 수 없다고 생각한다. '소농 자립'에 대해서는 이영훈(2016), 『한국경제사』 I 의 제6장 「소농사회」를 참조하시오.

참고문헌

1. 자료

- 『三國史記』, 『三國遺史』
- 『高麗史』, 『高麗史節要』.
- 『禮記』, 『大明律』, 『宋高僧傳』.
- 『經國大典』, 『經濟六典』, 『續大典』.
- 『太祖實錄』, 『太宗實錄』, 『世宗實錄』, 『端宗實錄』, 『世祖實錄』, 『成宗實錄』, 『中宗實錄』, 『宣祖實錄』, 『仁祖實錄』.
- 『乾隆十五年五月日 營奴婢官案』.
- 『乾隆五十一年七月 營奴婢官案』.
- 『見睫錄』.
- 『孤山集』.
- 『均役廳病國論』.
- 『亂中日記』.
- 『東國詩話彙成』.
- 『東野彙輯』.
- 『盧尙樞日記』.
- 『牧民心書』.

- 『默齋日記』.
- 『眉巖日記』.
- 『星湖僿說』.
- 『瑣尾錄』.
- 『營奴婢官案』.
- 『五洲衍文長箋散稿』.
- 『自著』.
- 『增補文獻備考』.
- 『支巖日記』.
- 『千一錄』.

2. 번역·주석본·기타

- 「京鄉新聞」.
- 김진영·김현주 역주(1997), 『흥보전』, 박이정.
- 김진영·김현주·김희찬 편저(1997), 『춘향전 전집』 1, 박이정.
- 아손 크렙스터 저, 김상열 역(2005), 『스웨덴 기자 아손, 100년 전 한국을 걷다』, 책과함께.
- 안민영 원저, 김신중 역주(2003), 『역주 금옥총부』, 박이정.
- 李樹健 編著(1981), 『慶北地方古文書集成』, 嶺南大學校出版部.
- 韓國精神文化硏究院(1986), 『古文書集成 ―海南尹氏篇 ―』 三.
- *Korean Liberty Conference*, Washington D.C., 1942.

3. 저·역서

- 게르하르트, 폴커 저, 김종기 역(2007), 『다시 읽는 칸트의 영구평화론』, 백산서당.
- 金錫亨(1993), 『朝鮮封建時代 農民의 階級構成』, 신서원.
- 김성우(2001), 『조선중기 국가와 사족』, 역사비평사.
- 김호동(2010), 『몽골제국과 세계사의 탄생』, 돌베개.
- 노태돈(2014), 『한국고대사』, 경세원.
- 文叔子(2004), 『조선시대 재산상속과 가족』, 景仁文化社.
- 문숙자(2009), 『68년의 나날들, 조선의 일상사』, 너머북스.
- 宋洙煥(2000), 『朝鮮前期 王室財政 硏究』, 集文堂.
- 애덤 스미스 저, 김수행 역(2003), 『국부론』(상), 비봉출판사.
- 애덤 스미스 저, 박세일·민경국 역(1996), 『도덕감정론』, 비봉출판사.
- 양동휴(2014), 『유럽의 발흥 — 비교경제사 연구 —』, 서울대학교출판문화원.
- 에드워드 와그너 저, 이훈상·손숙경 역(2007), 『조선왕조 사회의 성취와 귀속』, 일조각.
- 왕서노(王書奴) 저, 신현규(申鉉圭) 편역(2012), 『중국창기사』, 어문학사.
- 윤은숙(2010), 『몽골제국의 만주 지배사』, 소나무.
- 李基白(1994), 『新修版 韓國史新論』, 一潮閣.
- 李能和(1927), 『朝鮮解語花史』, 東洋書院.
- 이상원(2012), 『노비문학산고』, 국학자료원.
- 이영훈(2007), 『대한민국 이야기』, 기파랑.
- 이영훈(2016), 『한국경제사』 Ⅰ, 일조각.

- 李榮薰(2000),『韓國 市場經濟와 民主主義의 歷史的 特質』, 韓國開發研究院.
- 이정명(2015),『뿌리 깊은 나무』1·2, 은행나무.
- 이종은(2011),『평등, 자유, 권리』, 책세상.
- 全炯澤(1989),『朝鮮後期奴婢身分研究』, 一潮閣.
- 정광(2015),『한글의 발명』, 김영사.
- 정재정 외(2010),『고등학교 한국사』, 지학사.
- 조남욱(2015),『성군 세종대왕』, 새문사.
- 池承鍾(1995),『朝鮮前期奴婢身分研究』, 一潮閣.
- 칸트, 임마누엘 저, 이한구 역(2008),『영구평화론: 하나의 철학적 기획』, 서광사.
- 平木實(1982),『朝鮮後期奴婢制研究』, 知識産業社.
- 한영우(1997),『다시 찾는 우리역사』, 경세원.
- 洪承基(1983),『高麗貴族社會와 奴婢』, 一潮閣.
- Deuchler, Martina(2015), *Under the Ancestors' Eyes*, Harvard University Asia Center.
- Fogel, Robert W.(1989), *Without Consent or Contract, Vol.1, The Rise and Fall of American Slavery*, New York, Norton.
- Salem, Ellen(1978), *Slavery in Medieval Korea*, Columbia University.
- Stampp, Kenneth M.(1956), *The Peculiar Institution: Slavery in the Ante-Bellum South*, New York, Alfred A. Knopf.
- Patterson, Orlando(1982), *Slavery and Social Death: A Comparative*

Study, Harvard University Press.

- Weatherford, Jack(2004), *Genghis Khan and the Making of the Modern World*, Crown and Three Rivers Press.

4. 논문

- 權泰煥·愼鏞廈(1977), 「朝鮮王朝時代 人口推定에 關한 一試論」, 『東亞文化』 14.
- 김시덕(2016), 「奉祀代數」, 『한국일생의례사전』, 국립민속박물관.
- 盧明鎬(1998), 「한국 奴婢에 대한 비교사적 試論」, 歷史學會 編, 『노비·농노·노예 — 隸屬民의 比較史 —』.
- 盧泰敦(1988), 「古朝鮮 중심지의 변천에 대한 연구」, 『韓國史論』 23.
- 文叔子(2008), 「16~17세기 兩班家 노비 가족의 존재 형태 — 固城李氏 臨淸閣 分財記 분석을 통하여 —」, 『古文書硏究』 32.
- 박기주(2004), 「재화가격의 추이, 1701-1909」, 이영훈 편, 『수량경제사로 다시 본 조선후기』, 서울대학교출판부.
- 신경숙(2004), 「19세기 일급예기의 삶과 색슈얼리티 — 의녀 옥소선을 중심으로 —」, 『사회와 역사』 65.
- 禹仁秀(1997), 「『赴北日記』를 통해 본 17세기 出身軍官의 赴防生活」, 『韓國史硏究』 96.
- 李明學(1989), 「『金氏南征記』에 대하여」, 『大東文化硏究』 99.
- 李範稷(1989), 「國朝五禮儀의 成立에 대한 一考察」, 『歷史學報』 122.
- 李榮薰(1987), 「古文書를 통해 본 朝鮮前期 奴婢의 經濟的 性格」,

『韓國史學』 9.

- 李榮薰(1998), 「한국사에 있어서 奴婢制의 추이와 성격」, 歷史學會 編, 『노비·농노·노예 — 隷屬民의 比較史 —』, 一潮閣.
- 李榮薰·梁東烋(1998), 「朝鮮 奴婢制와 美國 黑人奴隸制: 比較史的 考察」, 『經濟論集』 37-2·3, 서울대학교 경제연구소.
- 李榮薰(2000), 「18-19세기 奴婢 世襲原理의 변화 — 江原道 原州牧 權氏 兩班家의 事例分析 —」, 『李樹健敎授停年紀念 韓國中世史論叢』.
- 이영훈(2000), 「노비의 혼인과 부부생활」, 한국고문서학회 편, 『조선시대 생활사』 2, 역사비평사.
- 임민혁(2013), 「조선초기 『국조오례의』 흉례의 구조와 의례적 성격」, 『역사와 실학』 50.
- 임학성(2005), 「17-19세기 星湖 일가의 戶籍 관련 古文書 — 서울대학교 奎章閣 소장 자료를 중심으로 —」, 『성호학보』 1.
- 정다함(2013), 「"中國(듕귁)"과 "國之語音(나라말씀)"의 사이 — 鮮初 漢文·漢吏文·漢語와 訓民正音의 관계성을 중심으로 —」, 『비교문화』 60.
- 정연식(2004), 「춘향전 — 가공의 현실에 투영된 꿈 —」, 『역사비평』 67.
- 정연식(2005), 「조선시대 妓役의 실태」, 『國史館論叢』 107.
- 鄭俊植(1999), 「推奴系 小說의 葛藤樣相과 小說史的 意義」, 『고소설연구』 7.
- 정준식(2012), 「「부용담」의 형성 기반과 자료적 가치」, 『語文學』 118.
- 한형주(2000), 「조선초기 국가제례 연구」, 고려대학교 사학과 석사학위논문.

찾아보기

이영훈李榮薰은 서울대학교 사회과학대학 경제학과를 졸업하고 같은 학교 대학원에서 경제학 박사 학위를 받았다(1985). 지곡서당芝谷書堂에서 한학을 공부하였다(1977~1982). 한신대학 경제학과 교수, 성균관대학교 경제학부 교수를 거쳐 2002년 이후 서울대학교 경제학부 교수로 재직하다가 2017년에 정년을 하였다. 경제사학회, 한국고문서학회, 한국제도경제학회 회장을 역임하였다. 현재는 이승만학당의 교장을 맡고 있다.
주요 저서로는 『조선후기사회경제사朝鮮後期社會經濟史』(한길사, 1988), 『수량경제사로 다시 본 조선후기』(공저, 서울대학교출판부, 2004), 『대한민국역사』(기파랑, 2013), 『한국경제사』 I·II (일조각, 2016), 『반일 종족주의』(공저, 미래사, 2019)가 있다. 청람상青藍賞(한국경제학회, 1990), 봉래상蓬萊賞(봉래학술문화재단, 2008), 경암학술상耕岩學術賞(경암교육문화재단, 2013), Coghlan Prize(*Australian Economic History Review*, 2015), 월봉저작상月峰著作賞(월봉한기악선생기념사업회, 2017) 등을 받았다.

환상의 나라 1

세종은 과연 성군인가

펴낸날	**초판 1쇄 2018년 3월 5일** **초판 9쇄 2022년 4월 14일**
지은이	**이영훈**
펴낸이	**김광숙**
펴낸곳	**백년동안**
출판등록	**2014년 3월 25일 제406-2014-000031호**
주소	**경기도 파주시 광인사길 30**
전화	**031-941-8988**
팩스	**070-8884-8988**
이메일	**on100years@gmail.com**
ISBN	979-11-86061-58-9 04910 979-11-86061-59-6 04910 (세트)

※ 값은 뒤표지에 있습니다.
※ 잘못 만들어진 책은 구입하신 서점에서 바꾸어 드립니다.

이 도서의 국립중앙도서관 출판시도서목록(CIP)은 서지정보유통지원시스템 홈페이지(http://seoji.nl.go.kr)와 국가자료공동목록시스템(http://www.nl.go.kr/kolisnet)에서 이용하실 수 있습니다.(CIP제어번호: CIP2018006295)